Der wichtigste Wortschatz – sofort mitreden

sprechen wie ein echter Engländer

PONS

PONS

Sprechen wie ein echter Engländer

Der wichtigste Wortschatz – sofort mitreden

Bearbeitet von: Anette Dralle, Rupert Livesey, Katrin Röhrer

1. Auflage 2012 (1,02 – 2012)

PONS Produktinfos und Shop: www.pons.de
E-Mail: info@pons.de
PONS Online-Wörterbuch: www.pons.eu

Projektleitung: Gabriela Neumann
Einbandentwurf: Karin Hauptmann, Marion Köster, Stuttgart
Illustrationen: Vera Brüggemann
Logoentwurf: Erwin Poell, Heidelberg
Logoüberarbeitung: Sabine Redlin, Ludwigsburg
Satz: Marion Köster, Stuttgart
Druck: Print Consult GmbH, München
Printed in Slovak Republic

ISBN 978-3-12-517725-3

Inhalt

Abkürzungen im Buch:

ugs	umgangssprachlich
slang	Slang
vulg	vulgär
vulg!	sehr vulgär

Vorwort

Sie haben Englisch in der Schule oder in einem Kurs gelernt und verfügen über solide Grundkenntnisse? Sie finden sich in der Schriftsprache zurecht, stoßen aber an Ihre Grenzen wenn Sie die Menschen auf der Straße Englisch sprechen hören?

In der Reihe „Sprechen wie ein echter Engländer" haben wir für Sie den wichtigsten Alltagswortschatz zusammengetragen, wie er nicht in den Schulbüchern steht, zu Themen, die aus dem wirklichen Leben gegriffen sind.

Bewusst haben wir auf Grammatikregeln verzichtet und uns darauf konzentriert was Sie brauchen um sofort Mitreden zu können: Hinweise für eine korrekte Aussprache und Beispielsätze, die Ihnen zeigen wie Sie jedes Wort im Zusammenhang richtig anwenden. Probieren Sie es aus und tauchen Sie auf Ihrer Reise noch schneller in die neue Sprache ein.

Viel Erfolg und viele schöne Begegnungen wünscht Ihnen

Ihre
PONS Redaktion

Lernst du noch oder sprichst du schon?

Wie gut sind deine Englischkenntnisse? Kennst du die wichtigsten Wörter auf Englisch? Mach diesen Test und finde es heraus!

1 Was sind englische „chips“?
- a Bratkartoffeln
- b Kartoffelchips
- c Pommes

2 Was ist mit „box“ gemeint?
- a Loge im Theater
- b Lautsprecherbox
- c sich durchkämpfen

3 Was sagt der Engländer für „abhängen“?
- a put out
- b stake out
- c veg out

4 Welches Wort hat die Bedeutung „hackedicht“?
- a hammered
- b slaughtered
- c buggered

5 „Can I bum a ciggy“ heißt im Deutschen so viel wie:
- a Kann ich bei dir mitfahren?
- b Kann ich ’ne Kippe schnorren?
- c Krieg’ ich auch einen Schluck?

6 Eine Antwort bedeutet nicht „sauer sein" – welche?

- **a** hacked off
- **b** pissed off
- **c** pushed off

7 Welches Körperteil wird umgangssprachlich „balls" genannt?

- **a** der Busen
- **b** die Pobacken
- **c** die Hoden

8 Wo bekommet man keine Drogerieartikel?

- **a** pharmacy
- **b** chemist's
- **c** butcher's

9 Um ein rezeptpflichtiges Arzneimittel in der Apotheke zu bekommen, brauchst du:

- **a** a recipe
- **b** a description
- **c** a prescription

10 Wie sagt man „guten Appetit" auf Englisch?

- **a** good meal
- **b** enjoy your meal
- **c** good appetite

Lösung: 1c, 2a, 3c, 4b, 5b, 6c, 7c, 8c, 9c, 10b.

AUSWERTUNG

WENIGER ALS 3 RICHTIGE ANTWORTEN:
Du wirst schon bald richig viele Wörter kennen, wenn du regelmäßig einen Blick in „Sprechen wie ein echter Engländer" wirfst – hier findest du alles, was du wissen musst.

3 BIS 6 RICHTIGE ANTWORTEN:
Nicht schlecht! Du kennst dich gut aus! Aber wetten, dass du in diesem Buch noch so einiges finden wirst, was du bisher noch nicht gewusst hast?

7 BIS 10 RICHTIGE ANTWORTEN:
PONS gratuliert – du bist richtig gut! Aber man lernt ja bekanntlich nie aus, oder? Mit diesem Buch findest du heraus, ob du auch alle anderen wichtigen Wörter der Alltagssprache kennst!

Die richtige Aussprache

[']	vor einer Silbe bedeutet, dass die nachfolgende Silbe betont ist. Bei einer Hauptbetonung steht das Zeichen oben vor der Silbe, bei einer Nebenbetonung unten, z. B. [hə'ləʊ].	
[:]	bedeutet, dass der vorhergehende Vokal lang gesprochen wird.	
[ɪ]	wie L**i**ste	b**i**g [bɪg]
[e]	wie B**ä**cker	fr**ie**nd [frend]
[ʌ]	kurzes a, wie in St**a**dt	s**o**me**o**ne [sʌmwʌn]
[ʊ]	wie R**u**ck	l**oo**k [lʊk]
[u:]	langes u wie P**u**ma	r**oo**m [ru:m]
[i:]	langes i wie W**ie**n	tr**ea**t [tri:t]
[ɑ:]	langes a, etwa wie in B**a**hn	d**a**nce [dɑ:n(t)s]
[aɪ]	wie M**ai**, d**ei**n	n**i**ce [naɪs]
[æ]	ganz offener ä-Laut, etwa zwischen B**ä**cker und b**a**cken	h**a**ppy ['hæpɪ]
[eɪ]	nicht wie kl**ei**n, sondern e-i, d. h. von [e] zu [ɪ] gleiten	w**ay** [weɪ]
[eə]	ä-Laut wie in B**ä**r, dann zu [ə] gleiten	th**ere** [ðeə]
[ə]	kurzes, schwaches, nur angedeutetes e, etwa wie in bitt**e**, dank**e**	**a**bout [ə'baʊt]
[ɜ:]	ähnlich wie das ö in M**ö**rder, Lippen nicht runden	f**ir**st [fɜ:st]
[ɪə]	auf das [ɪ] gleich ein kurzes [ə] folgen lassen, ähnlich wie in h**ie**r	h**ere** [hɪə'], n**ear** [nɪə']
[ʊə]	auf das [ʊ] gleich ein kurzes [ə] folgen lassen	c**ure** [kjʊə']
[ɒ]	kurzes offenes o, etwa wie in **o**ffen, K**o**pf	h**o**liday ['hɒlədeɪ]

[ɔ:]	langes offenes o, etwa wie in H**o**rn	**a**ll [ɔ:l], f**a**ll [fɔ:l]
[ɔɪ]	offenes kurzes o, dann zu i gleiten, wie in h**eu**te	b**oy** [bɔɪ]
[əʊ]	auf das [ə] sofort ein u folgen lassen: ə-ʊ	hell**o** [hə'ləʊ]
[aʊ]	wie in M**au**s	dr**ow**n [naʊn]
[ŋ]	wie in la**ng**, kra**nk**	si**ng** [siŋ]
[r]	Zunge an den Gaumen heben und leicht zurückbiegen	f**r**om [frɒm]
[ʳ]	linking R – wird nur bei nachfolgendem Vokal ausgesprochen sonst wie da**r**stellen	finge**r** ['fɪŋgəʳ]
[s]	wie in rei**ß**en, la**ss**en	**s**tudy ['stʌdi], **s**wim [swɪm]
[z]	wie in le**s**en, rei**s**en	**is** [ɪz], guy**s** [gaɪz]
[θ]	[s] gesprochen mit der Zungenspitze zwischen den Zähnen	**th**ree ['θri:]
[ð]	[z] gesprochen mit der Zungenspitze zwischen den Zähnen	**th**is [ðɪs], **th**ere [ðeəʳ]
[ʃ]	wie in Ti**sch**	di**sh** [dɪ:ʃ]
[tʃ]	t mit nachfolgendem [ʃ]	**ch**ild [tʃaɪld]
[ʒ]	wie in Gara**g**e, Lo**g**e	televi**sio**n ['telɪævɪʒn]
[dʒ]	d mit nachfolgendem [ʒ] wie in In**ge**nieur	**j**ealous ['ʤeləs], en**j**oy [ɪn'ʤɔɪ]
[v]	wie in **W**ein, **W**asser, **V**ioline	e**v**ery ['evrɪ]
[w]	nicht wie das dt. w, sondern mit vorgestülpten Lippen ein kurzes u bilden, dann schnell zum nachfolgenden Laut übergehen	**w**ay [weɪ], **w**ater ['wɔ:təʳ]

WICHTIG:
Ein d am Wortende muss deutlich als d ausgesprochen werden – cold [kəʊld] – und darf nicht als t hörbar sein. Das gilt auch für das g am Wortende, das nicht wie ein k ausgesprochen werden darf, sondern deutlich als g hörbar sein muss: egg [eg]

Mein Name ist ...

Sich vorstellen

how's it going? *ugs*
wie geht's? *ugs*
How are you feeling today? I've got a massive hangover after last night's party. ↔ *Und wie geht's dir heute? Ich habe einen Riesenkater nach der Party gestern.* *ugs*

hello
[he'ləʊ] **Guten Tag!**
I just wanted to say hello. ↔ *Ich wollte nur mal guten Tag sagen.*

(good) evening!
[(gʊd)'i:vnɪŋ] **(Guten) Abend!**
A very good evening (to you). ↔ *Einen schönen guten Abend!*

name
[neɪm] **der Name**
My name is … ↔ *Mein Name ist …*

to introduce
[ˌɪntrə'dju:s] **sich vorstellen**
May I introduce my husband. This is George. ↔ *Darf ich Ihnen meinen Mann vorstellen? Das ist George.*

to spell sth
[spel] **etw buchstabieren**
Didn't you hear? Shall I spell it for you again? ↔ *Hast du es nicht gehört? Soll ich es nochmal buchstabieren?*

to greet sb
[gri:t] **jdn begrüßen**
They always greet each other with a secret code. ↔ *Sie begrüßen sich immer mit einem Geheimcode.*

to live
[lɪv] **wohnen**
He lives in the coolest neighbourhood here. ↔ *Er wohnt in der geilsten Gegend hier.* *ugs*

nationality [ˌnæʃə'næləti]
die Nationalität
What's your natinality? ↔ *Welcher Nationalität haben Sie/hast du?*

foreigner
['fɒrɪnəʳ] **der Ausländer, die Ausländerin**
I met a lot of other foreigners in Brisbane. ↔ *In Brisbane habe ich viele andere Ausländer kennen gelernt.*

birthday
['bɜ:θeɪ] **der Geburtstag**
When is your birthday? ↔ *Wann hast du Geburtstag?*

boy
[bɔɪ] **der Junge**
Do you know that boy over there? ↔ *Kennst du diesen Jungen da drüben?*

girl
[gɜːl] **das Mädchen**
He fell in love with the girl next door. ↔ *Er verliebte sich in das Mädchen von nebenan.*

'd keep away from that floozie. ugs **Ich würde mich von der Tussi fernhalten.** ugs

friend
[frend] **der Freund, die Freundin**
I met an old friend at the pub last night. ↔ *Ich habe gestern Abend in der Kneipe einen alten Freund getroffen.*

boyfriend
['bɔɪfrend] **der Freund**
She split up with her boyfriend. ↔ *Sie hat sich von ihrem Freund getrennt.*

girlfriend
['gɜːlfrend] **die Freundin**
This is my girlfriend Jane. ↔ *Das ist meine Freundin Jane.*

hen *ugs*
[hen] **die Süße** *ugs*
Hello hen, how're you? ↔ *Hallo Süße, wie geht's?*

hots *ugs*
[hɒts] **geil (sein)** *ugs*
He's got the hots for you. ↔ *Er steht/ist scharf auf dich.* *ugs*

single
['sɪŋgl̩] **ledig**
Tom's been single for 5 years. ↔ *Tom ist seit 5 Jahren Single.*

married
['mærid] **verheiratet**
Are you married? ↔ *Bist du verheiratet?*

divorced
[dɪ'vɔːst] **geschieden**
This is my third husband. I've been divorced twice. ↔ *Das ist mein dritter Ehemann. Ich habe mich zweimal scheiden lassen.*

widow
['wɪdəʊ] **Witwe**
My neighbour's a widow. ➜ *Meine Nachbarin ist verwitwet.*

someone
['sʌmwʌn] **jemand**
Could someone please pick up the phone? ➜ *Könnte jemand bitte ans Telefon gehen?*

age
[eɪdʒ] **das Alter**
She looks very old for her age. ➜ *Sie sieht für ihr Alter sehr alt aus.*

homeboy, homey
['həʊmbɔɪ, 'həʊmi] *ugs* **der Kumpel, der Homie** *ugs*
Hey, homeboy, how's it going? ➜ *Hey Homie, wie geht's? ugs*

Listen to cleverclogs here! ugs **Hört euch mal den Schlaumeier hier an!** ugs

guy
[gaɪ] **der Typ**
That guy over there is a bit of all right. ➜ *Der Typ da vorne ist 'ne echte Sahneschnitte. ugs*

old bag
[əʊld'bæg] **die alte Ziege**
The old bag next door's been complaining about my music again. ➜ *Die alte Ziege von nebenan hat sich schon wieder über meine Musik beschwert.*

Familie & Freunde

my folks
[maɪ'fəʊks] **meine Alten**
My folks have really been getting on my nerves recently. ➜ *Meine Alten nerven mich in letzter Zeit.*

family
['fæməli] **die Familie**
Jane lives in a patchwork family. ➜ *Jane lebt in einer Patchworkfamilie.*

parents
['peərənts] **die Eltern**
I've got to clear my room up, my parents are coming

over. •• *Ich muss meine Bude aufräumen, meine Eltern kommen zu Besuch.* ugs

mother
['mʌðəʳ] **die Mutter**
I love your mother's cooking. •• *Deine Mutter kocht fantastisch.*

Mum, mum, mummy
ugs [mʌm, 'mʌmi] **die Mutti** ugs
Chris isn't coming, his mum's grounded him. •• *Chris kommt nicht, seine Mutter hat ihm Hausarrest gegeben.*

father
['fɑ:ðəʳ] **der Vater**
Your father's really strict! •• *Dein Vater ist richtig streng!*

Dad, dad, daddy ugs
[dæd, 'dædi] **der Papa** ugs
Anna's dad is really cool. •• *Annas Papa ist voll cool.* ugs

child
[tʃaɪld] **das Kind**
By the time she was 16, Anna already had a child. •• *Anna hat schon mit 16 ein Kind bekommen.*

son
[sʌn] **der Sohn**
My son is studying languages at Bristol University. •• *Mein Sohn studiert Sprachen an der Uni in Bristol.*

daughter
['dɔ:təʳ] **die Tochter**
Our daughter just came back from a trip to SE Asia. •• *Unsere Tochter ist gerade von einer Reise nach Südostasien zurückgekommen.*

brothers and sisters
[brʌðəzandsɪstəz] **die Geschwister**
Did you know Chris has 4 brothers and sisters? •• *Wusstest du, dass Chris vier Geschwister hat?*

sister
['sɪstəʳ] **die Schwester**
His sister, Helen, is a good friend of mine. •• *Seine Schwester, Helen, ist eine gute Freundin von mir.*

She's the sister from hell. ugs
Sie ist voll die nervige Schwester.

sis ugs
[sɪs] **das Schwesterherz** ugs
Hey sis, who's your new squeeze? ugs •• *Hey Schwesterherz, wer ist dein neuer Freund?*

brother
['brʌðəʳ] **der Bruder**
Tom is Jane's brother. •• *Tom ist Janes Bruder.*

bro *ugs*
[broʊ] **das Bruderherz, der Kumpel** *ugs*
Hey little bro, how're you doing?; Wazzup bro? *slang* ↠ *Hey Kumpel, was geht? slang*

nipper, sprog *ugs*
['nɪpəʳ, sprɒg] **der kleine Scheißer, der Knirps** *ugs*
The sprog over there is Jane's brother. ↠ *Der kleine Scheißer da drüben ist Janes Bruder.*

little
['lɪtl̩] **klein**
Is that your little sister? ↠ *Ist das deine kleine Schwester?*

small
[smɔ:l] **klein**
He's quite small for his age. ↠ *Er ist ziemlich klein für sein Alter.*

big
[bɪg] **groß**
Our dog has grown too big for his basket. ↠ *Unser Hund ist zu groß für sein Körbchen geworden.*

tall
[tɔ:l] **groß (gewachsen)**
Ben's nearly as tall as his dad. ↠ *Ben ist fast so groß wie sein Vater.*

old
[əʊld] **alt**
You look older than you are. ↠ *Du wirkst älter, als du bist.*

young
[jʌŋ] **jung**
Tom's only 15. He's still too young to drive. ↠ *Tom ist erst 15. Er ist noch zu jung für den Führerschein.*

She's going a bit loopy in her old age. *ugs*
Im fortgeschrittenen Alter dreht sie ein bisschen durch. *ugs*

to grow up
[grəʊ'ʌp] **aufwachsen**
I grew up in Lancashire. ↠ *Ich bin in Lancashire aufgewachsen.*

grandparents
['græn(d),peərənts] **die Großeltern**
My grandparents died a long time ago. ↠ *Meine Großeltern sind vor langer Zeit gestorben.*

grandmother
['græn(d),mʌðəʳ] **die Großmutter**
Her grandmother is 95. ↠ *Ihre Großmutter ist 95.*

grandma, granny *ugs*
['græn(d)mɑ:, 'græni]
die Oma, die Omi *ugs*
You are going to your granny's house tomorrow. ↠ *Du gehst morgen zu deiner Oma.*

grandfather
['græn(d),fɑ:ðəʳ] **der Großvater**
How old is your grandfather? ↠ *Wie alt ist dein Großvater?*

grandpa, granddad *ugs*
['græn(d)pɑ:, 'græn(d)dæd]
der Opa, der Opi *ugs*
Are grandma and granddad coming for lunch? ↠ *Kommen Oma und Opa zum Mittagessen?*

grandson
['græn(d)sʌn] **der Enkel**
I have a 3-year-old grandson. ↠ *Ich habe einen dreijährigen Enkel.*

granddaughter
['græn(d),dɔ:təʳ] **die Enkelin**
His granddaughter is now head of the company. ↠ *Seine Enkelin ist jetzt das Firmenoberhaupt.*

wife
[waɪf] **die Ehefrau**
Tom and his wife Linda are coming tonight. ↠ *Tom und seine Frau Linda kommen heute Abend.*

her indoors / the missus *ugs*
[hɜ:r,ɪn'dɔ:z, ðə'mɪsʌz]
die Alte *ugs*
I'd better not or I'll have trouble with her indoors. ↠ *Lieber nicht, sonst krieg ich noch Ärger mit meiner Alten.*

husband
['hʌzbən(d)] **der Ehemann**
Did you know that Jane's husband plays away? *ugs* ↠ *Wusstest du, dass Janes Ehemann fremdgeht?*

Your husband will freak out if he sees you here. Dein Mann wird ausrasten, wenn er dich hier sieht.

old man *ugs*
[əʊld'mæn] **der Alte** *ugs*
I'd better go. The old man's picking me up in a minute. ↠ *Ich geh besser. Mein Alter holt mich glcich ab.*

partner
['pɑ:tnəʳ] **der Partner, die Partnerin**
This is John and his partner Kate. ↠ *Das ist John und seine Partnerin Kate.*

Miss
[mɪs] **die Frau**
Miss Dougan is not here today. ↔ *Frau Dougan ist heute nicht da.*

student
['stju:dənt] **der Student, die Studentin**
He worked there as a law student. ↔ *Er hat dort als Jurastudent gearbeitet.*

to study
['stʌdi] **lernen, studieren**
What are you going to study? ↔ *Was hast du vor zu studieren?*

to work
[wɜ:k] **arbeiten**
Jane left early, as she has to work tomorrow. ↔ *Jane ist früher gegangen, weil sie morgen arbeiten muss.*

goodbye
[gʊ(d)'baɪ] **auf Wiedersehen**
Goodbye! See you next week! ↔ *Auf Wiedersehen! Bis nächste Woche!*

bye *ugs*
[baɪ] **tschüss** *ugs*
Bye-bye, see you later! ↔ *Tschüss, bis zum nächsten Mal!*

good night!
[ˌgʊd'naɪt] **Gute Nacht!**
How do you say 'good night' in Welsh? ↔ *Wie sagt man „Gute Nacht" auf Walisisch?*

In englischsprachigen Ländern ist es nicht üblich, am Telefon seinen Namen zu nennen. Seien Sie also nicht erstaunt, wenn jemand den Hörer abnimmt und nur *Hello* sagt. Ruft man einen privaten Anschluss an, wird sogar oft nur die Telefonnummer genannt.

Das Wichtigste in Kürze

Greeting someone	Begrüßen
Good morning!	*Guten Morgen!*
Hello!/How do you do?	*Guten Tag!*
Good evening!	*Guten Abend!*
Hello!/Hi!	*Hallo!*
How are you?	*Wie geht es Ihnen/dir?*
How are you?/How are things?	*Wie geht's?*
Fine thanks. How about you?	*Gut danke. Und Ihnen/dir?*

Introducing oneself	Sich vorstellen
May I introduce myself? My name is Michael. I'm Michael.	*Darf ich mich vorstellen? Mein Name ist Michael/ Ich heiße Michael. Ich bin Michael.*
What's your name, please?	*Wie ist Ihr Name, bitte?*
What's your name?	*Wie heißt du?/Wie heißen Sie?*
Pleased to meet you!/ Nice to meet you.	*Sehr angenehm!/ Freut mich, Sie/dich kennen zu lernen.*
I've heard a lot about you.	*Ich habe schon viel von dir/ Ihnen gehört*

In the family	In der Familie
my folks	*meine Alten*
the Missus/her indoors	*meine Alte*

the old man	*mein Alter*
ankle biter rug rat	*der Dreikäsehoch* *der Hosenscheißer*
nipper/sprog	*der kleine Scheißer/Knirps*
bro	*Bruder*
sis	*Schwester*
nan	*Omi*

Saying goodbye	**Sich verabschieden**
Goodbye/Bye-bye!	*Auf Wiedersehen!*
See you soon!	*Bis bald!*
See you next time!	*Bis zum nächsten Mal!*
Bye!/Cheerio!	*Tschüss!/Ciao!*
Take care!	*Mach's gut!*
(Ok then,) see you soon!	*(Also dann,) bis bald!*
See you tomorrow!	*Bis morgen!*
See you next week!	*Bis nächste Woche!*
See you!	*Wir sehen uns!* *Man sieht sich!*
Good night, sleep well!	*Gute Nacht, schlaf gut/ schön!*
Bye! Have a good trip!	*Tschüss! Gute Reise!*
Take care of yourself!	*Pass auf dich auf!*
Have a nice day!	*Einen schönen Tag noch!*

Thanking	**Sich bedanken**
Thank you!/Thanks! – You're welcome!/That's all right!/Not at all!	*Danke! – Bitte!/Gern geschehen!/Keine Ursache!*
Thank you very much! – You're welcome/No problem!	*Danke sehr/schön!/ Vielen Dank! – Gern geschehen!/Keine Ursache!*

Thanks a million!/Thank you so much! – Don't mention it!	*Tausend Dank! – Bitte, bitte!/Aber bitte, das ist doch nicht der Rede wert!*

Apologizing

Apologizing	**Entschuldigung**
I'm sorry!	*Entschuldigung!*
I'm very sorry!	*Das tut mir sehr leid!*
I didn't mean it like that.	*Es war nicht so gemeint.*
I beg your pardon!	*Ich bitte um Verzeihung!*
That's all right!/It doesn't matter!	*Keine Ursache!/Macht nichts!*
I'm afraid that's impossible.	*Das ist leider nicht möglich.*

Von Kopf bis Fuß

Der Körper

body
['bɒdi] **der Körper**
The catsuit covers her whole body. •› *Der Catsuit bedeckt ihren ganzen Körper.*

head
[hed] **der Kopf**
She turned James' head. •› *Sie hat James den Kopf verdreht.* ugs

hair
[heəʳ] **die Haare**
My boyfriend has so much hair on his chest, he looks like a bear. •› *Mein Freund hat so viele Haare auf der Brust, er sieht aus wie ein Bär.*

She's head over heels in love with him. Sie ist total verknallt in ihn.

face
[feɪs] **das Gesicht**
I couldn't see his face. •› *Ich konnte sein Gesicht nicht sehen.*

ear
[ɪəʳ] **das Ohr**
He whispered in her ear how breathtakingly beautiful she was. •› *Er flüsterte ihr ins Ohr, wie atemberaubend schön er sie fand.*

eye
[aɪ] **das Auge**
She's new in the office and is already making eyes at the boss. ugs •› *Sie ist ganz neu im Büro und macht dem Chef schon schöne Augen.* ugs

eye contact
['aɪˌkɒntækt] **der Augenkontakt**
She would constantly make eye contact with him and then smile. •› *Sie suchte immer wieder seinen Augenkontakt und lächelte dann rüber.*

nose
[nəʊz] **die Nase**
The cold has made your nose red. •› *Deine Nase ist ganz rot vor Kälte.*

mouth
[maʊθ] **der Mund**
He took the chewing gum out of his mouth to give her a French kiss. •› *Er nahm*

den Kaugummi aus dem Mund, um ihr einen Zungenkuss zu geben.

lip
[lɪp] **die Lippe**
Her lips are so soft. ↔ *Ihre Lippen sind so zart.*

neck
[nek] **der Hals**
Is that a love bite on your neck? *ugs* ↔ *Ist das ein Knutschfleck an deinem Hals? ugs*

shoulder
['ʃəʊldəʳ] **die Schulter**
Tessa bought herself a little off-the-shoulder number. ↔ *Tessa kaufte sich ein kleines schulterfreies Oberteil.*

arm
[ɑ:m] **der Arm**
If I find you in the arms of another woman, I'll castrate you! ↔ *Wenn ich dich in den Armen einer fremden Frau finde, werde ich dich kastrieren!*

hand
[hænd] **die Hand**
They can't take their hands off each other. ↔ *Sie können einfach die Hände nicht voneinander lassen.*

finger
['fɪŋgəʳ] **der Finger**
Tomy has broken his index finger. ↔ *Tomy hat seinen Zeigefinger gebrochen.*

chest
[tʃest] **die Brust**
Hairy chests are OK, but hairy backs? Urrgh! ↔ *Eine haarige Brust ist OK, aber ein haariger Rücken? Igitt!*

boob
[bu:b] *ugs* **der Busen** *ugs*
Sally is very self-conscious about her big boobs. ↔ *Sally ist sehr gehemmt wegen ihres großen Busens.*

nipple
['nɪpl] **die Brustwarze**
It was so cold, we could see her nipples quite clearly. ↔ *Es war so kalt, wir konnten ihre Brustwarzen ganz deutlich sehen.*

belly
['beli] **der Bauch**
His belly's so big, he can't see his feet. ↔ *Sein Bauch ist so dick, er kann seine Füße gar nicht mehr sehen!*

beer belly
['bɪəˌbeli] **der Waschbärbauch** *ugs*
Unfortunately, he had a beer belly instead of a six-pack. *ugs* ↔ *Er hat leider keinen Waschbrettbauch, sondern einen Waschbärbauch. ugs*

penis
[pi:nɪs] **der Penis**
The glans is the most sensitive part of the penis. •• *Die Eichel ist der empfindlichste Teil des Penis.*

dick *vulg*
[dɪk] **der Dödel, der Schwanz** *ugs*
You can put your dick away now. •• *Du kannst deinen Dödel jetzt wieder einpacken.*

balls, bollocks *ugs*
['bɔ:lz, 'bɒləks] **die Eier** *ugs*
She kicked him right in the balls – that hurt! •• *Sie hat ihm voll in die Eier getreten. Das tat weh!*

vagina
[və'dʒaɪnə] **die Scheide**
There are a lot of vulgar terms for 'vagina'. •• *Für Scheide gibt es viele vulgäre Benennungen.*

fanny *vulg*
['fæni] **die Muschi** *vulg*
Girls have a fanny, boys have a willy. •• *Mädchen haben eine Muschi, Jungs einen Schniedel.*

pubic hair
[ˌpju:bɪk'heəʳ] **das Schamhaar**
She's shaved off all her pubic hair. •• *Sie hat sich alle Schamhaare abrasiert.*

backside *ugs*
[ˌbæk'saɪd] **der Hintern** *ugs*
Just give him a good kick up the backside. •• *Gib ihm einfach einen ordentlichen Tritt in den Hintern.*

arse *vulg*
[ɑ:s] **der Arsch** *vulg*
That guy's got an incredible arse. •• *Der Typ hat aber einen geilen Arsch.* slang

Pete's such a brown-noser. u
Pete ist ein richtiger Arschkriecher. vulg

sexy arse *ugs*
[ˌseksi 'ɑ:s] **der Knackarsch** *ugs*
If you think Pete's got a sexy arse, check out Sal's new squeeze. He's a ballet dancer! •• *Wenn du meinst, dass Pete einen Knackarsch hätte, dann schau dir bloß mal Sals neuen Freund an! Er ist Balletttänzer!*

back
[bæk] **der Rücken**
She gets goose pimples when he strokes her back.

→ *Wenn er ihren Rücken streichelt, bekommt sie eine Gänsehaut.*

skin
[skɪn] **die Haut**
Who knows what damage Botox does to the skin? → *Wer weiß, was für Hautschäden Botox hinterlässt?*

heebie-jeebies *ugs*
[ˌhi:bi'dʒi:biz] **die Gänsehaut**
I get the heebie-jeebies just thinking about him. → *Ich bekomme eine Gänsehaut, wenn ich nur an ihn denke.*

leg
[leg] **das Bein**
His new girlfriend's got legs up to her armpits. → *Seine neue Freundin hat wirklich Beine bis unter die Achseln.*

foot
[fʊt] **der Fuß**
I think my new girlfriend has a foot fetish. → *Ich glaube, meine neue Freundin ist Fußfetischistin.*

toe
[təʊ] **der Zeh**
My big toe is swollen. → *Mein großer Zeh ist geschwollen.*

Gesundheit

healthy
['helθi] **gesund**
Fortunately, I've stayed healthy all winter. → *Glücklicherweise bin ich den ganzen Winter gesund geblieben.*

health
[helθ] **die Gesundheit**
Eating too much fat is bad for your health. → *Fettreiches Essen ist schlecht für die Gesundheit.*

fit
[fɪt] **fit**
She does a lot of exercise to keep herself fit. → *Sie macht viel Sport, um sich fit zu halten.*

ill
[ɪl] **krank**
He was very ill and had to be taken into hospital. → *Er war sehr krank und musste ins Krankenhaus gebracht werden.*

Get well soon! Gute Besserung!

illness
['ɪlnəs] **die Krankheit**
It took him months to recover from his illness. ↔ *Er brauchte Monate, um sich von seiner Krankheit zu erholen.*

inoculation
[ɪˌnɒkjə'leɪʃən] **die Impfung**
Inoculation has helped to eradicate polio. ↔ *Durch Impfungen ist es gelungen, Kinderlähmung auszurotten.*

pain
[peɪn] **der Schmerz**
I have a pain in my back. ↔ *Ich habe Schmerzen im Rücken.*

hurt
[hɜ:t] **schmerzen**
My front teeth are hurting. ↔ *Meine Vorderzähne schmerzen.*

dangerous
['deɪndʒərəs] **gefährlich**
Smoking is dangerous to your health. ↔ *Rauchen ist gefährlich für die Gesundheit.*

accident
['æksɪdənt] **der Unfall**
No one was injured in the accident. ↔ *Niemand wurde bei dem Unfall verletzt.*

She was in serious danger. Sie schwebt in ernsthafter Gefahr.

to hurt
[hɜ:t] **verletzen**
We had an accident but no one was hurt. ↔ *Wir hatten einen Unfall, aber niemand wurde verletzt.*

wound
[wu:nd] **die Wunde**
This wound looks really ghastly. ↔ *Diese Wunde sieht richtig eklig aus.*

blood
[blʌd] **das Blut**
I donate blood regularly. ↔ *Ich spende regelmäßig Blut.*

doctor
['dɒktə'] **der Arzt, die Ärztin**
You need to take her to a doctor. ↔ *Du musst sie zu einem Arzt bringen.*

hospital
['hɒspɪtəl] **das Krankenhaus**
Penny was admitted to hospital yesterday. ↔ *Penny wurde gestern ins Krankenhaus eingewiesen.*

accident and emergency (A&E)
[ɪ'mɜ:dʒən(t)si] **die Notaufnahme**
Where do I find A&E? ↔ *Wo befindet sich die Notaufnahme?*

chemist's
['kemɪsts] **die Apotheke**
We can buy mosquito repellent at the chemist's. ↔ *Wir können in der Apotheke Mückenspray kaufen.*

prescription
[prɪ'skrɪpʃən] **das (Arzneimittel-)Rezept**
The doctor gave me a prescription for cough medicine. ↔ *Der Arzt gab mir ein Rezept für Hustensaft.*

antibiotic
[ˌæntibaɪ'ɔtɪk] **das Antibiotikum**
The doctor prescribed antibiotics. ↔ *Der Arzt hat ein Antibiotikum verschrieben.*

salve
[sælv] **die Salbe**
The salve works wonders! ↔ *Die Salbe wirkt Wunder!*

headache
['hedeɪk] **die Kopfschmerzen**
Pauline won't be coming – she has a headache. ↔ *Pauline wird nicht kommen – sie hat Kopfschmerzen.*

seasick
['si:sɪk] **seekrank**
I always get seasick on a ship. ↔ *Ich werde immer sofort seekrank auf einem Schiff.*

allergy
['ælədʒi] **die Allergie**
I'm allergic to nuts. ↔ *Ich habe eine Allergie gegen Nüsse.*

Bollocks ist ein sehr ausdrucksvolles, mehrdeutiges (und etwas grobes) Wort. Abgesehen von der Hauptbedeutung *Eier, Hoden*, gibt es noch die Bedeutung *rubbish, nonsense. That's a load of bollocks.* = *Das ist alles Quatsch / Blödsinn.*

pill

[pɪl] **die Tablette**

I haven't had such a bad hangover for ages! I need a pill. •› *So einen Kater habe ich schon ewig nicht gehabt!*

to convalesce

[ˌkɒnvəˈles] **genesen, gesund werden**

She needs to convalesce for a few days after her operation. •› *Nach ihrer Operation braucht sie einige Tage Genesungszeit.*

(get) better

[(get) ˈbetəʳ] **besser (werden)**

I feel better much better now. •› *Mir geht es jetzt viel besser.*

(get) worse

[(get) ˈwɜːs] **schlechter (werden)**

The injury has got worse. •› *Die Verletzung ist schlimmer geworden.*

Gefühle und Eigenschaften

Positive Gefühle

character
['kærəktəʳ] **der Charakter**
Your new girlfriend is a complicated character. ↠ *Deine neue Freundin ist ganz schön kompliziert.*

personality
[ˌpɜːsən'æləti] **die Persönlichkeit**
A unique personality! ↠ *Eine einzigartige Persönlichkeit!*

characteristic
[ˌkærəktə'rɪstɪk] **die Eigenschaft**
The characteristics of a good teacher are well known. ↠ *Die Eigenschaften eines guten Lehrers sind allen bekannt.*

to behave
[bɪ'heɪv] **sich verhalten**
He's behaving very strangely. ↠ *Er verhält sich sehr merkwürdig.*

to feel
[fiːl] **fühlen**
Can you feel that? ↠ *Fühlst du das?*

to laugh
[lɑːf] **lachen**
I can't carry on. I just can't stop laughing! ↠ *Ich kann nicht mehr! Ich lach' mich tot! ugs*

fine
[faɪn] **fein, gut**
How are you? – I'm fine, thank you! ↠ *Wie geht es Ihnen? – Mir geht's gut, danke!*

jammy *slang*
['dʒæmi] **glücklich**
That's jammy! ↠ *Da hast du aber Glück gehabt!*

Aren't I a jammy bitch slang **Bin ich nicht ein Glückspilz?** ugs

happiness
['hæpɪnəs] **das Glück**
I wish you all the happiness in the world. ↠ *Ich wünsche dir alles Glück der Welt.*

crazy
['kreɪzi] **verrückt**
It's crazy to drink and drive. ↠ *Es ist verrückt unter Alkoholeinfluss zu fahren.*

clever
['klevəʳ] **schlau, klug**
Your new neighbour is a clever chap. ↔ *Dein neuer Nachbar ist ein schlauer Kerl.*

especially
[ɪ'speʃəli] **besonders**
I love shopping, especially on holiday. ↔ *Ich liebe Shoppengehen, besonders im Urlaub.*

good
[gʊd] **gut**
He's a good father. ↔ *Er ist ein guter Vater.*

hot to trot *slang*
['hɒtuˌtrɒt] **geil** *ugs*
She's looking hot to trot. ↔ *Sie sieht voll geil aus.*

happy
['hæpi] **glücklich, froh**
He was happy about his new car. ↔ *Er freute sich über sein neues Auto.*

great
[greɪt] **großartig, toll**
Many thanks, you've been a great help. ↔ *Vielen Dank, du warst mir eine große Hilfe.*

kind
[kaɪnd] **die Art, freundlich**
Thank you, that's very kind of you. ↔ *Danke, dass ist sehr freundlich von Ihnen.*

to care
[keəʳ] **sich kümmern, die Sorge**
She doesn't care. ↔ *Es ist ihr egal.*

careful
['keəfəl] **sorgfältig, vorsichtig**
You have to be very careful with this machine. ↔ *Man muss mit diesem Gerät sehr vorsichtig umgehen.*

carefully
['keəfəli] **vorsichtig**
Drive carefully – the roads are very icy. ↔ *Fahr vorsichtig – die Straßen sind sehr glatt.*

absolutely
[ˌæbsə'lu:tli] **völlig, absolut**
It was absolutely wonderful. ↔ *Es war einfach wunderbar.*

Everyone here is extremely friendly. Alle hier sind total nett.

nice
[naɪs] **nett**
My colleagues at work are very nice. ↔ *Meine Arbeitskollegen sind sehr nett.*

to like
[laɪk] **mögen**
I like apples but I don't like bananas. ↔ *Ich mag Äpfel, aber ich mag keine Bananen.*

in love
[ɪn'lʌv] **verliebt**
They fell in love. ↔ *Sie haben sich verliebt.*

loved up *ugs*
['lʌvdəp] **verknallt** *ugs*
Suzy and John have been loved up for a while. ↔ *Suzy und John sind schon eine ganze Weile verknallt.*

(to) love
[lʌv] **lieben, die Liebe**
I'd love a cup of tea. ↔ *Ich hätte liebend gerne eine Tasse Tee.*

most of all
['məʊstəv'ɔ:l] **am liebsten**
I quite like skiing, but I like snowboarding most of all. ↔ *Ich fahre gerne Ski, aber Snowboarden mag ich am liebsten.*

popular
['pɒpjələ˞] **beliebt**
Peter is not particularly popular in class. ↔ *Peter ist in der Klasse nicht besonders beliebt.*

to fall for
['fɔ:lfɔ:˞] **sich verknallen** *ugs*
She fell for the hunky barman. ↔ *Sie verknallte sich in den knackigen Barkeeper.*

to fall in love
sich verlieben
She has fallen in love with him. ↔ *Sie hat sich in ihn verliebt.*

to fall out of love
sich entlieben
When he learnt the truth about her he quickly fell out of love with her. ↔ *Als er die Wahrheit über sie erfuhr, war er schon bald nicht mehr in sie verliebt.*

jealous
['dʒeləs] **eifersüchtig**
Why is she always so jealous? ↔ *Warum ist sie nur immer so eifersüchtig?*

jealousy
['dʒeləsi] **die Eifersucht**
His jealousy is not normal. ↔ *Seine Eifersucht ist nicht normal.*

to apologize
[ə'pɒlədʒaɪz] **sich entschuldigen**
I wanted to apologize to you. ↔ *Ich wollte mich bei dir entschuldigen.*

My new boss is quite dishy. slang **Mein neuer Chef ist ziemlich süß.**

sensible
['sen(t)sɪbl̩] **vernünftig**
It's very sensible of you to take the train instead of driving. ➜ *Das ist sehr vernünftig von dir, den Zug zu nehmen, anstatt zu fahren.*

Be reasonable!
Sei doch vernünftig!

successful
[sək'sesfəl] **erfolgreich**
She's a successful lawyer and mother of two children. ➜ *Sie ist erfolgreiche Anwältin und Mutter von zwei Kindern.*

success
[sək'ses] **der Erfolg**
The opening of the new restaurant was a success. ➜ *Die Eröffnung des neuen Restaurants war ein Erfolg.*

comfortable
['kʌm(p)ftəbl̩] **gemütlich**
Make yourself comfortable. ➜ *Mach es dir gemütlich.*

to enjoy
[ɪn'dʒɔɪ] **genießen, mögen**
I enjoyed the evening very much. ➜ *Ich habe den Abend sehr genossen.*

fun
[fʌn] **der Spaß**
We had a lot of fun at the fair. ➜ *Wir hatten viel Spaß auf der Kirmes.*

funny
['fʌni] **komisch, lustig**
That's not funny. ➜ *Das ist nicht lustig.*

to get on
[get'ɒn] **sich (gut) verstehen**
John and I get on very well. ➜ *John und ich verstehen uns sehr gut.*

to look forward to
[lʊk'fɔ:wədtu] **sich freuen auf**
She's looking forward to college. ➜ *Sie freut sich auf das College.*

Für „schlecht drauf sein" gibt es im Englischen zahlreiche Bezeichnungen. Geht es einem körperlich schlecht, kann man sagen:
to be in a bad way / not very well / off colour / under the weather.
Ist man dagegen niedergeschlagen, verwendet man: *to be out of sorts / down in the mouth / at a low ebb / below / under par.*

wonderful
['wʌndəfəl] **wunderbar**
We had a wonderful time in Venice. → *Wir hatten eine wunderbare Zeit in Venedig.*

chuffed *ugs*
[tʃʌft] **sich total freuen** *ugs*
I'm really chuffed to have got a place at uni. → *Ich freue mich total, dass ich den Platz an der Uni bekommen habe. ugs*

Negative Gefühle

angry
['æŋgri] **böse**
Are you angry with me? → *Bist du böse mit mir?*

to annoy (sb)
[ə'nɔɪd] **(jdn) verärgern**
That really annoyed me. → *Das hat mich aber sehr verärgert.*

furious
['fjʊəriəs] **wütend**
You've made me really furious, now I'm going to bust your balls. *vulg* → *Du hast mich total wütend gemacht, jetzt reiß ich dir den Arsch auf. vulg*

pissed off *vulg*
[pɪst'ɒf] **sauer, ankotzen, angepisst sein** *slang*
She's pissed off about something. → *Sie ist wegen irgendetwas angepisst.*

bad hair day *slang*
kein guter Tag
Don't be too hard on Kathy, she's having a bad hair day. → *Sei nicht zu streng mit Kathy, heute ist nicht ihr Tag.*

bollocks to you! *vulg*
du kannst mich mal! *vulg*
Bollocks to you! → *Du kannst mich mal!*

That guy is such a creep. Der Typ ist ein echter Kotzbrocken. vulg

to hate
[heɪt] **hassen**
I hate being last. ↔ *Ich hasse es, Letzte(r) zu sein.*

to shout
[ʃaʊt] **schreien**
Don't shout at him like that. ↔ *Schrei ihn doch nicht so an!*

to cry
[kraɪ] **weinen; schreien**
She cried all night. ↔ *Sie hat die ganze Nacht geweint.*

sad
[sæd] **traurig**
The sad news is, the concert is sold out. ↔ *Die traurige Nachricht ist, dass alle Karten für das Konzert ausverkauft sind.*

loopy ugs
['lu:pi] **durchgedreht**
She's going a bit loopy in her old age. ↔ *Im fortgeschrittenen Alter dreht sie ein bisschen durch.*

O.T.T. ugs
[ˌəʊti:'ti:] **übertrieben, dick geflasht** ugs, slang
Her outfit's a bit o.t.t, I'd say. ↔ *Ihr Outfit ist 'n bisschen dick geflasht, würd' ich sagen.*

nutty ugs
['nʌti] **verrückt**
She's as nutty as a fruitcake! ↔ *Die ist ja vollkommen verrückt!* ugs

Her constant bickering does my head in. Ihr ständiges Gemeckere macht mich wahnsinnig.

lazy
['leɪzi] **faul**
I was too lazy to walk so I took the car. ↔ *Ich war zu faul zum Laufen, also nahm ich das Auto.*

mad
[mæd] **verrückt**
You'd be mad to pay that much for a pair of jeans. ↔ *Da wäre man doch verrückt, so viel für eine Jeans zu zahlen.*

to flip ugs
[flɪp] **ausflippen** ugs
She'll flip when she finds out. ↔ *Sie wird ausflippen, wenn sie's erfährt.*

to freak out *ugs*
[fri:k'aʊt] **ausrasten**
Your dad will freak out if he sees you here. ↔ *Dein Vater wird ausrasten, wenn er dich hier sieht.*

hissy fit *slang*
['hɪsi,fɪt] **der Koller** *ugs*
She had a hissy fit when I told her. ↔ *Sie ist voll ausgerastet, als ich ihr davon erzählt hab'.*

to be off one's chump
ugs **einen an der Waffel haben** *ugs*
You'd be off your chump to finish with her. ↔ *Du müsstest ja einen Knall haben, wenn du mit ihr Schluss machen würdest.*

(to) lie
[laɪ] **lügen, die Lüge**
He lied to me. ↔ *Er hat mich angelogen.*

to regret
[rɪ'gret, re-] **bedauern**
I don't regret this decision one bit. ↔ *Ich bedauere diese Entscheidung nicht im Geringsten.*

hacked off *ugs*
[hækt'ɒf] **sauer (sein)** *ugs*
She's hacked off at me for something. ↔ *Sie ist sauer auf mich wegen irgendwas.*

He was giving me a hairy eyeball.

ugs **Er warf mir einen bösen Blick zu.**

fucked off *vulg*
[fʌkt'ɒf] **stinksauer, scheißwütend** *vulg*
I'm really fucked off with him now. ↔ *Jetzt bin ich stinksauer auf ihn.*

to (not) like
[(nɒt)laɪk] **(nicht) mögen**
He didn't like it at all. ↔ *Es hat ihm überhaupt nicht gefallen.*

to complain
[kəm'pleɪn] **sich beschweren**
We complained about the heating. ↔ *Wir haben uns wegen der Heizung beschwert.*

terrible ['terəbl̩]
furchtbar, schrecklich
We had terrible weather the whole week. ↔ *Wir hatten die ganze Woche furchtbares Wetter.*

hard
[hɑ:d] **hart, schwer**
It's hard for her to give up work. ↔ *Es fällt ihr schwer, die Arbeit aufzugeben.*

to frighten
['fraɪtən] **erschrecken**
You frightened me! ↔ *Du hast mich erschreckt!*

to be afraid
[bi:ə'freɪd] **fürchten**
I'm afraid we have sold out of this wine. ↔ *Ich fürchte, dieser Wein ist schon ausverkauft.*

fear
[fɪəʳ] **die Angst**
I have a fear of heights. ↔ *Ich habe Höhenangst.*

to have on *ugs*
[hæv'ɒn] **verarschen, auf den Arm nehmen** *ugs*
You're having me on! ↔ *Du nimmst mich wohl auf den Arm!*

Das Wichtigste in Kürze

Swearing	**Flüche**
Bollocks!/Fuck!	*Scheiße!/Scheißdreck!*
Shit!	*Kacke!*
What a load of bollocks!	*Was für'n Scheiß!*
Fuck it!/Bugger it!	*Verdammt!/Verflucht!*
Fuck that!/Bugger that!/Bollocks to that!	*Verflucht! Ich scheiß' drauf!*
I'm fed up!/I've had it up to HERE!	*Ich hab' die Schnauze voll!/Mir steht's bis HIER!*
Shut your big gob!	*Halt dein großes Maul!*
He's pissing me off!/He's getting on my tits!	*Der geht mir auf den Sack/auf die Eier!*
That's bloody disgusting!	*Das ist zum Kotzen!*
I'm fucked/buggered!	*Mir geht der Arsch auf Grundeis!*
I'm scared shitless!/I'm shitting bricks!	*Ich hab' ne Scheißangst!*
It's brass monkeys!	*Es ist arschkalt!/Es ist saukalt!*
I don't give a shit!	*Das ist mir scheißegal!*
I couldn't give a flying fuck!	*Das geht mir am Arsch vorbei!*
Sweet F.A. (Fanny Adams) is what you get!	*Einen Scheißdreck bekommst du!*

Insults	**Schimpfwörter**
arsehole	*das Arsch(loch)*
plonker	*der Depp/Trottel/Hammel*
durbrain	*der Armleuchter/Schwachmat/Naivling*
knob, knob-head	*der (Voll)idiot*
bastard	*der Drecksack*
arse	*der Arsch*
fuckwit	*der Nullchecker*
(silly/stupid) cunt	*die (blöde/dumme) Fotze*
motherfucker	*der Arschficker*
wanker	*der Wichser*
tosspot	*die Dumpfbacke*
tosser	*der Wichser*
dosser	*der faule Hund*
hog, pig	*das Schwein*
son of a bitch	*der Mistkerl/Hurensohn*
slapper	*die Schlampe*
bitch	*die blöde/dumme Kuh/Ziege*
retard	*die Missgeburt*
creep	*der Kotzbrocken*
scumbag	*der Dreckskerl/Scheißefresser*
fuckface	*der Schwanzlutscher*
slag	*die Schlampe/Nutte*
brown-noser	*der Arschkriecher, die Arschkriecherin*
What a pain in the arse!	*Wie nervig!/Was für ein nerviger Typ!*
Shut your face!	*Halt die Klappe!*
Kiss my arse!	*Leck' mich (am Arsch)!*
Bollocks to you!	*Du kannst mich mal (am Arsch lecken)!*
Go fuck yourself!	*Fick dich (ins Knie)!*
Piss off!	*Verpiss' dich!*

Eff off!	*Zieh' Leine!*
I don't care about you!	*Du bist mir (scheiß)egal!*
Eat shit and die!	*Du sollst verrecken / Verreck' doch!*

Crime Slang	**Kriminalität und Slang**
The (Old) Bill	*die Bullerei*
the pigs	*die Bullen*
cop	*der Bulle*
to grass sb up	*jdn verpfeifen*
to call the cops	*die Bullen rufen*
to be in for it	*Ärger kriegen*
slammer	*der Knast*
nick	*der Knast*
bracelets	*Handschellen*
gangsta	*der Gangster*
dealer	*der Dealer*
junkie	*der Junkie*
pothead	*der Kiffer*
crackhead	*der Heroinabhängige, die Heroinabhängige*
hustler	*der Hehler*
hustling	*Hehlerei*
paki basher	*jd, der Asiaten verprügelt*
hit and run	*Fahrerflucht*
to be nicked for speeding	*geblitzt werden*
to nick sth	*etw klauen*
dough	*die Knete*
quid	*die Mäuse*
to bump sb off	*jdn abknallen*
to beat sb up	*jdn zusammenschlagen*
to smash sb's head in	*jdn den Kopf einschlagen*
to kick the shit out of sb	*jdn auseinandernehmen*

to nick sb	*jdn festnehmen/einbuchten*
to can sb	*jdn einlochen*
to get sent down	*eingelocht werden*
to get nicked	*geschnappt werden*
to be behind bars	*hinter Gittern sitzen*
to do time	*im Knast sitzen*

Red light district	**Rotlichtmilieu**
curb crawler	*die Bordsteinschwalbe*
prossie	*die Hure/Nutte*
floozie	*das leichte Mädchen*
fag	*der Schwule*
rent boy	*der Stricher*
pimp	*der Zuhälter/Lude/Stenz/Louis*
knocking shop	*der Puff/das Bumslokal*
to go/be on the game	*auf den Strich gehen*

Sexual slang	**Sexueller Slang**
straight	*hetero*
queer	*der Homo*
dyke	*die Lesbe*
lesie	*die Lesbe*
trannie	*die Transe*
fag	*die Schwuchtel*
slag/slapper	*die Schlampe (leicht rumzukriegen)*
to come out	*sich outen*
to swing both ways	*beidseitig befahrbar (bisexuell)*
to be wet	*feucht sein*

to fuck	*ficken/bumsen/vögeln/poppen*
to pull sb	*jdn anbaggern*
to lay sb	*es mit jdn treiben/mit jdm schlafen*
to shag	*ficken/bumsen*
a good fuck/fuckable	*gut zu ficken*
horny	*geil*
to be hot to trot	*geil/spitz/scharf sein*
dick	*der Schwanz*
todger	*der Schwanz*
tits	*die Titten/Brüste*
knockers	*die Titten/Hupen/Glocken*
fanny	*die Möse/Muschi*
cunt	*die Fotze/Möse*

Cockney rhyming slang

Wort:	*reimt sich mit:*	*Cockney:*
lies	pork pies	porkies
stairs	apples and pears	apples
hair	Barnet fair	Barnet
prostitute	brass flute	brass
telephone	dog and bone	dog
car	jam jar	jam
money	bread and honey	bread
cheese	John Cleese	John Cleese
mate	China plate	China
AIDS	ace of spades	ace of spades
crap	pony and trap	pony
kid	saucepan lid	saucepan
road	frog and toad	frog
tea	Rosie Lee	Rosie
bank	J. Arthur Rank	J. Arthur

Wort:	*reimt sich mit:*	*Cockney:*
Army	daft and barmy	barmy
wife	trouble and strife	trouble
shit	Tom Tit	Tom
sister	skin and blister	skin
advice	Anneka Rice *(britische Fernseh-moderatorin)*	Anneka Rice
tenner *(= Zehn-Pfund-Schein)*	Ayrton Senna	Ayrton Senna

Guten Appetit!

Der Riesenhunger!

hunger
['hʌŋgəʳ] **der Hunger**
My stomach is rumbling with hunger. ↔ *Mir knurrt vor lauter Hunger schon der Magen.*

hungry
['hʌŋgri] **hungrig**
... just the thought of it makes me feel hungry. ↔ *... allein der Gedanke macht mich hungrig.*

thirst
[θɜːst] **der Durst**
I have a raging thirst. ↔ *Ich habe schrecklichen Durst.*

thirsty
[θɜːsti] **durstig**
Salty food makes you thirsty. ↔ *Von salzigen Speisen kriegt man Durst.*

breakfast
['brekfəst] **das Frühstück**
We had freshly laid eggs for breakfast. ↔ *Wir hatten frisch gelegte Eier zum Frühstück.*

lunch
[lʌn(t)ʃ] **das Mittagessen**
Sammy and Anna had lunch at a motorway service area. ↔ *Sammy und Anna aßen zu Mittag an einer Autobahnraststätte.*

dinner
['dɪnəʳ] **das Abendessen**
Where shall we have dinner? ↔ *Wo wollen wir zu Abend essen?*

There was a free buffet so we really stuffed our faces! ugs **Es gab ein kostenloses Büffet, also haben wir so richtig reingehauen!** ugs

to prepare
[prɪ'peəʳ] **vorbereiten**
Everything's prepared – now we can get started. ↔ *Alles*

ist vorbereitet – wir können loslegen.

to fry
[fraɪ] **(an)braten**
Fry the onions and garlic for 2 minutes. ↔ *Zwiebeln und Knoblauch 2 Minuten anbraten.*

to cook
[kʊk] **kochen**
She cooked a meal for her family. ↔ *Sie kochte für ihre Familie.*

to bake
[beɪk] **backen**
Bake the cake at 180°C. ↔ *Den Kuchen bei 180°C backen.*

to burn
[bɜ:n] **verbrennen**
The cake's not burnt. It's supposed to look like that! ↔ *Der Kuchen ist nicht verbrannt. Er muss so aussehen!*

healthy
['helθi] **gesund**
Eating too much fast food is not healthy. ↔ *Zu viel Fastfood ist nicht gesund.*

greasy
['gri:si] **fettig**
The fried haddock was too greasy. ↔ *Der frittierte Schellfisch war zu fettig.*

Eugh, the canteen food looks minging again. slang **Iiih, das Kantinenessen sieht mal wieder ekelhaft aus.** ugs

home-made
[ˌhəʊm'meɪd] **selbst gemacht**
The jam is home-made. ↔ *Die Marmelade ist selbst gemacht.*

quickly
['kwɪkli] **schnell**
Herbs can be chopped quickly using kitchen scissors. ↔ *Kräuter lassen sich mit einer Küchenschere schnell zerkleinern.*

vegetarian
[ˌvedʒɪ'teəriən] **vegetarisch**
Do you have a vegetarian option? ↔ *Haben Sie eine vegetarische Alternative?*

allergic
[ə'lɜ:dʒɪk] **allergisch**
I'm allergic to nuts. ↔ *Ich bin allergisch auf Nüsse.*

lactose intolerant
['læktəʊsɪn'tɒlərənt] **mit Laktoseintoleranz**
I'm lactose intolerant. ↔ *Ich habe eine Laktoseintoleranz.*

Am Ziel

restaurant
['restərɔ̃(ŋ)] **das Restaurant**
They celebrated in an exclusive restaurant. •› *Sie feierten in einem exklusiven Restaurant.*

snack bar
['snækbɑ:ʳ] **die Imbissstube**
Do you know a good snack bar around here? •› *Kennst du eine gute Imbissstube hier in der Gegend?*

pub
[pʌb] **das Lokal, die Kneipe**
We found a cosy pub with an open fire. •› *Wir fanden eine gemütliche Kneipe mit offenem Feuer.*

opening hours
['əʊpənɪŋaʊəz] **die Öffnungszeiten**
The opening hours are displayed by the entrance. •› *Die Öffnungszeiten hängen am Eingang aus.*

menu
['menju:] **die Speisekarte**
Could you bring me the menu, please? •› *Könnten Sie mir bitte die Speisekarte bringen?*

menu of the day
das Tagesessen
The menu of the day is written up on the board. •› *Das Tagesessen steht auf der Tafel geschrieben.*

dish
[dɪʃ] **das Gericht**
My favourite dish as a child was macaroni cheese. •› *Mein Lieblingsgericht als Kind war Macaroni in Käsesoße.*

starter
['stɑ:təʳ] **die Vorspeise**
The starter was asparagus soup. •› *Als Vorspeise gab es Spargelsuppe.*

to order
['ɔ:dəʳ] **bestellen**
How long do you have to wait before you can order something here? •› *Wie lange muss man hier warten, bis man etwas bestellen kann?*

order
['ɔ:dəʳ] **die Bestellung**
I've already given my order. •› *Ich habe bereits meine Bestellung aufgegeben.*

waiter
['weɪtə'] **der Kellner**
We called the waiter and asked for the bill. ➜ *Wir haben den Kellner gerufen und um die Rechnung gebeten.*

Enjoy your meal! Guten Appetit!

food
[fu:d] **das Essen**
The food really was exceptional. ➜ *Das Essen war wirklich außergewöhnlich gut.*

to eat
[i:t] **essen**
Shall we eat something before the performance? ➜ *Wollen wir vor der Vorstellung noch etwas essen?*

to taste[1]
[teɪst] **probieren, verkosten**
Do taste a piece! ➜ *Probier doch ein Stück!*

to taste[2]
[teɪst] **schmecken**
That tastes good. ➜ *Das schmeckt gut.*

to make a mess
kleckern *ugs*
Can't you stop making a mess? ➜ *Kannst du das Kleckern nicht lassen?*

noise
[nɔɪz] **der Lärm, der Krach**
Do you have to make such a noise when you're eating? ➜ *Musst du beim Essen immer so schmatzen?*

He refused to pay the bill. Er weigerte sich, die Rechnung zu bezahlen.

dinnerware
['dɪnəweə'] **das Geschirr**
The table for the party was laid with beautiful dinnerware. ➜ *Die Festtafel war mit einem schönen Geschirr gedeckt.*

dinner plate
['dɪnəpleɪt] **der (flache) Teller**
The meat was arranged on a flat dinner plate with the vegetables. ➜ *Das Fleisch war mit dem Gemüse auf einem flachen Teller angerichtet.*

There are foreign bodies floating in my soup! ugs

In meinem Teller schwimmt was!

cutlery
['kʌtləri] **das Besteck**
Could we have an extra set of cutlery, please? ↔ *Könnten wir bitte ein zusätzliches Besteck bekommen?*

spoon
[spu:n] **der Löffel**
Stir several times with a spoon. ↔ *Mit einem Löffel mehrmals umrühren.*

fork
[fɔ:k] **die Gabel**
Squash the sheep's cheese with a fork. ↔ *Den Schafskäse mit einer Gabel zerdrücken.*

knife
[naɪf] **das Messer**
Take care! The knife is very sharp. ↔ *Vorsicht! Das Messer ist sehr scharf.*

dessert
[dɪ'zɜ:t] **der Nachtisch**
For dessert we had fruit cake with brandy sauce. ↔ *Zum Nachtisch hatten wir Früchtekuchen mit Weinbrandsauce.*

to drink
[drɪŋk] **trinken**
What would you like to drink? ↔ *Was möchtest du trinken?*

drink
[drɪŋk] **das Getränk**
A good meal needs a suitable drink to go with it. ↔ *Zu einem guten Essen gehört immer ein passendes Getränk.*

water
['wɔ:tə'] **das Wasser**
There was a carafe of water on every table. ↔ *Auf jedem Tisch stand eine Karaffe mit Wasser.*

thirsty
['θɜ:sti] **durstig**
How much longer do we have to wait for our drinks? I'm thirsty. ↔ *Wie lange müssen wir noch auf die Getränke warten? Ich habe Durst.*

tea
[ti:] **der Tee**
He offered her tea and biscuits. ↔ *Er bot ihr Tee und Gebäck an.*

coffee
['kɒfi:] **der Kaffee**
Would you prefer coffee

or tea? ➜ *Mögen Sie lieber Kaffee oder Tee?*

espresso
[es'presəʊ] **der Espresso**
A double espresso, please. ➜ *Einen doppelten Espresso, bitte.*

wine
[waɪn] **der Wein**
Would you like wine with your meal? ➜ *Möchten Sie Wein zu Ihrem Essen?*

schnapps
[ʃnæps] **der Schnaps**
Our hosts ordered a round of schnapps after the meal. ➜ *Unsere Gastgeber bestellten nach dem Essen eine Runde Schnaps.*

beer
[bɪəʳ] **das Bier**
The beer is on special offer this week. ➜ *Das Bier ist diese Woche im Sonderangebot.*

bill
[bɪl] **die Rechnung**
Can we have the bill please? ➜ *Können wir bitte die Rechnung haben?*

to pay
[peɪ] **bezahlen**
They simply got up and left – without paying! ➜ *Sie sind einfach gegangen! Ohne zu bezahlen!*

Die Folgen

(to be) full
[fʊl] **satt, voll (sein)**
I'm already full – you can eat the rest. ➜ *Ich bin schon voll – du kannst den Rest essen.*

siesta
[si'estə] **die Siesta**
First off, we're going to have an hour's siesta! ➜ *Zuerst machen wir mal eine Stunde Siesta!*

nap
[næp] **der Mittagschlaf, das Nickerchen** *ugs*
Anna always likes to take a nap after a meal. ➜ *Anna macht nach dem Essen immer gerne einen Mittagsschlaf.*

pause
[pɔːz] **die Pause**
Shall we have a pause before dessert? ➜ *Wollen wir vor dem Nachtisch eine Pause einlegen?*

The way to a man's heart is through his stomach. Liebe geht durch den Magen.

sick
[sik] **übel, schlecht**
I feel sick. It must be something I ate. ↔ *Mir ist übel. Ich muss was Schlechtes gegessen haben.*

stomach
['stʌmək] **der Magen**
The spicy food upset his stomach. ↔ *Das scharfe Essen war ihm auf den Magen geschlagen.*

Delhi belly *ugs*
der Durchfall, der Dünnschiss *ugs, vulg*
I think I've got a bit of a Delhi belly. ↔ *Ich habe Durchfall. Ich habe wohl zu viel Curry gegessen.*

to vomit
['vɒmɪt] **sich übergeben**
Sam kept on vomiting. The fast food was not a good idea. ↔ *Sam musste sich ständig übergeben. Das Fastfood war keine gute Idee.*

pain
[peɪn] **der Schmerz**
Camomile tea relieves stomach pains. ↔ *Kamillentee hilft bei Bauchschmerzen.*

overweight
[ˌəʊvə'weɪt] **übergewichtig**
You're about 20 pounds overweight for your age and height. ↔ *Für dein Alter und deine Größe wiegst du etwa 10 Kilo zu viel.*

anorexic
[ˌænə'reksɪk] **magersüchtig**
Kate's lost a hell of a lot of weight. Are you sure she's not anorexic? ↔ *Kate hat wahnsinnig viel abgenommen. Bist du sicher, dass sie nicht magersüchtig ist?*

Delhi belly (Durchfall) kann man bekommen, wenn man zu viele indische Currys gegessen hat. Ein *Deli belly* (dicker Bauch) hingegen ist eher das Ergebnis von zu vielen Süßigkeiten.

Das Wichtigste in Kürze

To ask for a restaurant	**Nach einem Restaurant fragen**
Could you recommend a good/reasonably priced restaurant?	*Könntest du mir ein gutes/preiswertes Restaurant empfehlen?*
Is there a seafood restaurant nearby?	*Gibt es hier in der Nähe ein Fischrestaurant?*
I'm looking for a snack bar/a pizza parlour.	*Ich suche einen Schnellimbiss/eine Pizzeria.*
Where can we find reasonable priced/exquisite food?	*Wo kann man hier günstig/exquisit essen?*
Can you recommend a good Indian/Chinese/Italian restaurant?	*Könntest du mir ein gutes indisches/chinesisches/italienisches Restaurant empfehlen?*

Booking a table	**Einen Tisch reservieren**
I would like to book a table for two, please. – Certainly. For what time? – For 8 pm.	*Ich würde gerne einen Tisch für zwei Personen reservieren. – Sehr gern. Für wie viel Uhr? – Für 20 Uhr.*
What is your name? My name is Müller.	*Auf welchen Namen? (Auf den Namen) Müller.*
Have you got a table for four? – I'm sorry, we're fully booked.	*Haben Sie einen Tisch für vier Personen? – Es tut mir leid, wir sind voll belegt.*

Have you got a reservation? – Yes. We've booked a table for six for Müller.	*Haben Sie reserviert? – Ja. Wir haben einen Tisch für sechs Personen auf den Namen Müller reserviert.*

Ordering	**Bestellen**
Could you bring us the menu, please? – Certainly(, Sir/Madam).	*Bringen Sie mir/uns bitte die (Speise)karte. – Selbstverständlich.*
What do you recommend?	*Was können Sie mir/uns empfehlen?*
I'm sorry, baked potatoes are out.	*Es tut mir leid, Ofenkartoffeln haben wir leider nicht mehr.*
Have you made a choice? – No, we're still looking. – Can I take your orders for drinks?	*Haben Sie schon gewählt? – Nein, wir schauen noch. – Darf ich schon mal die Getränke aufnehmen?*
I'd like/I'll have a small/large beer.	*Ich nehme/bekomme ein kleines/großes Bier.*
What would you like to drink? – We'd like a litre of open wine and two bottles of mineral water.	*Was möchten Sie trinken? – Wir hätten gerne einen Liter offenen Wein und zwei Flaschen Mineralwasser.*
We would like to order! – Just a moment, my colleague will be right with you.	*Wir würden gerne bestellen! – Augenblick, mein Kollege kommt gleich.*
Excuse me, Sir!	*Herr Ober! Entschuldigung!*
Excuse me, Madam!	*Entschuldigung!*
I'll take the lentil soup and a small apple juice.	*Ich nehme den Linseneintopf und einen kleinen Apfelsaft.*
For starter, I'll have a cream of mushroom soup.	*Als Vorspeise nehme ich eine Pilzcremesuppe.*
Can I have fried potatoes instead of pasta?	*Kann ich anstatt der Nudeln Bratkartoffeln bekommen?*

How would you like your steak? – Well done/medium/rare.	*Wie möchten Sie Ihr Steak haben? – Gut durch/Halb durch/Englisch.*
Could I please have some more bread/rice?	*Könnte ich bitte noch Brot/Reis bekommen?*
Could you please bring us the wine menu/menu again?	*Bringen Sie uns bitte noch einmal die Wein-/Speise-karte?*
I don't want a dessert, thank you.	*Ich möchte kein Dessert, danke.*

Paying the bill — Rund ums Bezahlen

I/we would like the bill, please.	*Die Rechnung bitte.*
I'd like to pay./The bill, please.	*Ich würde gerne Zahlen./Zahlen, bitte!*
Was everythink ok? – Thank you, very good/delicious.	*War's recht? – Danke, sehr fein/köstlich.*
Would you like a coffee? – No, we'd like to pay.	*Möchten Sie noch einen Kaffee? – Nein, wir würden gerne zahlen.*
Will you be paying together or separately?	*Zahlen Sie zusammen oder getrennt?*
The food was excellent.	*Das Essen war wirklich ausgezeichnet.*
Keep the change.	*(Das) stimmt so.*
Make that 45, please.	*45, stimmt so.*

Making a complaint — Sich beschweren

We need another fork.	*Wir brauchen noch eine Gabel.*
I've been waiting half an hour – have you forgotten my steak?	*Ich warte schon eine halbe Stunde, haben sie mein Steak vergessen?*

Sorry, I didn't order this.	*Entschuldigung, das habe ich nicht bestellt.*
The soup/the food is cold/not warm enough/too salty.	*Die Suppe/Das Essen ist kalt/nicht richtig warm/versalzen.*
The pizza is burnt.	*Die Pizza ist angebrannt.*
The meat is tough/too fatty.	*Das Fleisch ist zäh/zu fett.*
The fish is not fresh.	*Der Fisch ist nicht frisch.*
The wine is corked/tastes corked	*Der Wein korkt/schmeckt korkig.*
The beer is not cold enough.	*Das Bier ist nicht richtig kalt.*
Please take this back.	*Nehmen Sie es bitte zurück.*
Please get me the chef.	*Holen Sie bitte den Koch.*
The bill is not correct.	*Die Rechnung stimmt nicht.*

Shopping	**Beim Einkaufen**
I would like half a farmer's loaf and two rolls.	*Ich hätte gerne ein halbes Bauernbrot und zwei Brötchen.*
I would like/I'll take 500 g tomatoes.	*Geben Sie mir bitte/Ich nehme 500 g Tomaten.*
How much is the ham?	*Was kostet der Schinken?*
Where can I find salt?	*Wo finde ich Salz?*
Have you got smoked haddock?	*Haben Sie geräucherten Schellfisch?*
Are these local potatoes?	*Stammen die Kartoffeln aus der Region?*
Would you like anything else? – Yes, three pears and a kilo of plums, please. No, thank you, that'll be all.	*Darf's sonst noch etwas sein? – Ja, drei Birnen und 1 Kilo Pflaumen, bitte./Nein, das wär's/das ist alles.*

Do you need a bag? – Yes, please./No thank you, it's alright.	*Brauchen Sie eine Tüte? – Ja, gerne./Danke nein, das geht so.*

Places to eat and drink

Places to eat and drink	Einkehrmöglichkeiten
bar	*die Bar*
pub	*die Kneipe*
bistro	*das Bistro*
beergarden	*der Biergarten*
café	*das Café*
fish and chip shop	*der Fisch- und Pommesimbiss*
kebab shop	*der Dönerladen*
ice-cream parlour	*die Eisdiele*
gourmet restaurant	*das Feinschmeckerrestaurant*
pizza parlour	*die Pizzeria*
tea room	*die Teestube*
sandwich bar	*der Sandwich-Imbiss*
snack bar	*der Schnellimbiss*
winebar	*die Weinstube*

Mealtimes

Mealtimes	Die Mahlzeiten
breakfast	*das Frühstück*
brunch	*der Brunch*
lunch	*das Mittagessen*
snack	*der (Zwischen)Snack*
afternoon coffee/tea	*das Kaffeetrinken/Teetrinken*
cream tea	*der Tee mit Scones, Marmelade und dickem Rahm*
dinner	*das Abendessen*
supper	*das Abendbrot*
picnic	*das Picknick*

Typical British food and condiments	**Typisch britische Gerichte und Beilagen**
roast beef & yorkshire pudding	*Rinderbraten mit gebackenem Eierteig*
steak and kidney pie	*Pastete gefüllt mit Rindfleisch und Nieren*
roast lamb with mint sauce	*Lammbraten mit einer Minzesoße*
mulligatawny soup	*Currysuppe*
Irish stew	*Eintopf mit Fleisch, Kartoffeln und Gemüse*
shepherd's pie	*Auflauf aus Hackfleisch, Zwiebeln und Kartoffelbrei*
roast pork with apple sauce	*Schweinebraten mit Apfelmus*
pork pie	*Schweinefleischpastete*
toad in the hole	*Würstchen in gebackenem Eierteig*
faggots and peas	*Frikadellen aus Schweinefleisch und Leber mit Erbsen*
veal ham and egg pie	*Pastete gefüllt mit Kalbsfleisch, Schinken und Ei*
cornish pasty	*Pastete gefüllt mit Fleisch, Kartoffeln und Zwiebeln*
ploughman's lunch	*kalte Platte mit Käse, Schinken oder Pasteten an Salatbeilage, mit knusprigem Brot und Pickles serviert*
roast chicken with bread sauce	*Brathähnchen mit einer Sauce aus Brot, Sahne und Muskat*
turkey with sage and onion stuffing	*Truthahn mit einer Füllung aus Brot (oft auch Brät), Salbei und Zwiebeln*
Welsh rarebit	*Toast mit überbackenem Käse und Senf*
jacket potatoes	*Ofenkartoffel*

coleslaw	*Krautsalat mit Mayonnaise*
baked beans	*Gebackene Bohnen in Tomatensoße*
mushy peas	*Erbsenmus*
Branston® pickle	*süß-saure braune Soße mit eingelegtem Gemüse, die zu Käse und Aufschnitt serviert wird*
HP®- Sauce	*süß-saure braune Soße*
apple tart	*gedeckter Apfelkuchen*
apple/rhubarb crumble	*Apfel/Rhabarber mit Butterstreusel im Ofen gebacken*
custard	*dickflüssige Vanillesoße*
steamed sponge pudding	*im Dampfbad gegarter Rührkuchen, oft mit Syrup*
treacle sponge pudding	*im Dampfbad gegarter Rührkuchen mit Melasse*
bread and butter pudding	*süßer Brotauflauf*

Schule
und
Beruf

Die Schule

to learn
[lɜ:n] **lernen**
German grammar is extremely hard to learn. → *Deutsche Grammatik zu lernen ist äußerst schwer.*

pupil
['pju:pəl] **der Schüler, die Schülerin**
How many pupils were there in your school? → *Wie viele Schüler waren auf deiner Schule?*

school
[sku:l] **die Schule**
Where did you go to school? → *Wo bist du zur Schule gegangen?*

period
['pɪəriəd] **die Unterrichtsstunde**
How many periods of English do you have a week? → *Wie viele Englischstunden habt ihr in der Woche?*

subject
['sʌbdʒɪkt] **das Fach**
What subjects are you studying? → *Welche Fächer studierst du?*

mark
[mɑ:k] **die Note**
I keep getting bad marks for maths. → *Ich kriege immer wieder schlechte Noten in Mathe.*

to explain
[ɪk'spleɪn] **erklären**
I don't understand that, can you explain it to me? → *Ich verstehe das nicht, kannst du es mir erklären?*

to understand
[ˌʌndə'stænd] **verstehen**
It's not difficult to understand. → *Es ist nicht schwer zu verstehen.*

wrong
[rɒŋ] **falsch**
That's wrong, the capital of Albania is Tirana. → *Das ist falsch, die Hauptstadt von Albanien ist Tirana.*

right
[raɪt] **richtig**
Does anyone know the right answer? → *Weiß jemand die richtige Antwort?*

homework
['həʊmˌwɜ:k] **die Hausaufgabe**
Have you finished your

history homework? ↠ *Bist du mit deinen Hausaufgaben in Geschichte schon fertig?*

to write
[raɪt] **schreiben**
We had to write a summary of the novel. ↠ *Wir mussten den Roman zusammenfassen.*

to copy
['kɒpi] **abschreiben**
You can't just copy stuff straight from the Internet! ↠ *Du kannst nicht einfach das Zeug direkt aus dem Internet abschreiben!* ugs

examination, exam
[ɪɡˌzæmɪ'neɪʃən, ɪɡ'zæm] **die Prüfung**
We've got exams next week. ↠ *Wir haben nächste Woche Prüfungen.*

She's screwed up her exam. ugs
Sie hat die Prüfung versiebt. ugs

to cheat
[tʃi:t] **mogeln, schummeln**
Don't even try to cheat in the exam! ↠ *Versuch(t) erst gar nicht, in der Prüfung zu schummeln!*

to pass
[pɑ:s] **bestehen**
How did you do? I passed! ↠ *Wie lief es bei dir? Ich habe bestanden!*

to fail
[feɪl] **versagen, scheitern**
Don't tell me you failed? ↠ *Sag nicht, du bist durchgefallen?*

to repeat
[rɪ'pi:t] **wiederholen**
Could you repeat what you just said? ↠ *Könnten Sie bitte noch einmal wiederholen, was Sie gerade gesagt haben?*

to study
['stʌdi] **lernen, pauken, studieren**
I can't go out tonight, I've got to study. ↠ *Ich kann heute Abend nicht ausgehen, ich muss lernen.*

student
['stju:dənt] **der Student, die Studentin**
Most of the students looked as if they were asleep. •• *Die meisten Studenten sahen aus, als würden sie schlafen.*

university
[ˌju:nɪ'vɜ:səti] **die Uni(versität)**
The students at my uni are really wacky. *ugs* •• *Die Studenten an meiner Uni sind richtig abgefahren. ugs*

work placement
[wɜ:k'pleɪsmənt] **das Praktikum**
Dan is doing a two week work placement at the Sunday Times. •• *Dan macht ein zweiwöchiges Praktikum bei der Sunday Times.*

professor
[prə'fesəʳ] **der Professor, die Professorin**
Our German professor used to live in Leipzig. •• *Unser Deutschprofessor lebte früher in Leipzig.*

teacher
['ti:tʃəʳ] **der Lehrer, die Lehrerin**
My sister is an English teacher. •• *Meine Schwester ist Englischlehrerin.*

apprenticeship
[ə'prentɪsʃɪp] **die Lehre**
Our firm is offering two apprenticeships to school leavers. •• *Unser Firma bietet zwei Lehrstellen für Schulabgänger an.*

training
['treɪnɪŋ] **die Ausbildung**
Stella is being trained to be a bus driver. •• *Stella macht eine Ausbildung als Busfahrerin.*

to seek
[si:k] **suchen**
Any students seeking a part-time job should talk to the librarian. •• *Studenten, die einen Teilzeitjob suchen, sollten sich an die Bibliothekarin wenden.*

to find
[faɪnd] **finden**
Have you found a job yet? •• *Hast du schon eine Stelle gefunden?*

to apply
[ə'plaɪ] **sich bewerben**
Andy has applied to join the army. •• *Andy hat sich bei der Armee beworben.*

application
[ˌæplɪ'keɪʃən] **die Bewerbung**
Tim's written lots of job applications but hasn't had a single reply. •• *Tim hat schon viele Bewerbungen geschrieben, aber noch keine einzige Antwort erhalten.*

Die Arbeit

company
['kʌmpəni] **die Firma, das Unternehmen**
I like working for an American company. •› *Ich arbeite gerne für eine amerikanische Firma.*

profession
[prə'feʃən] **der Beruf**
Nicky is joining the nursing profession. •› *Nicky geht in den Pflegedienst.*

to start
[stɑ:t] **anfangen**
I started my career as a junior reporter on my local newspaper. •› *Ich habe meine Karriere als Aushilfsreporter bei meiner Lokalzeitung begonnen.*

to work
[wɜ:k] **arbeiten**
Samantha works in an office in London. •› *Samantha arbeitet in einem Büro in London.*

work
[wɜ:k] **die Arbeit**
I sometimes take the bus to work. •› *Manchmal fahre ich mit dem Bus zur Arbeit.*

stressful
['stresfʊl] **stressig**
I need a quiet weekend after such a stressful week. •› *Ich brauche ein ruhiges Wochenende nach einer so stressigen Woche.*

hard
[hɑ:d] **hart, schwer**
It's very hard when you lose your job. •› *Es ist sehr hart, wenn man seine Arbeit verliert.*

condition
[kən'dɪʃən] **die Bedingung**
What are the conditions like in the factory? •› *Wie sind die Bedingungen in der Fabrik?*

boss
[bɒs] **der Chef**
He got a bollocking from his boss. vulg •› *Sein Chef hat ihn zur Sau gemacht.* vulg

He's a real brown-noser. vulg
Er ist ein richtiger Arschkriecher. vulg

colleague
['kɒliːg] **der Kollege, die Kollegin**
I sometimes go for a drink with my colleagues after work. ↔ *Ich gehe manchmal nach der Arbeit mit meinen Kollegen etwas trinken.*

to meet
[miːt] **kennenlernen**
We liked your application and we'd like to meet you face-to-face. ↔ *Ihre Bewerbung hat uns gefallen und wir würden Sie gerne persönlich kennenlernen.*

full-time
['fʊlˌtaɪm] **vollzeit**
Now that I'm qualified, I'm a full-time teacher. ↔ *Jetzt, da ich mit der Ausbildung fertig bin, arbeite ich Vollzeit als Lehrer.*

to temp
[temp] **als Aushilfskraft arbeiten**
Anne's temping at the moment. ↔ *Anne arbeitet zur Zeit als Aushilfskraft.*

wage
[weɪdʒ] **der Lohn**
You'll get your wages at the end of the week. ↔ *Sie bekommen Ihren Lohn am Ende der Woche.*

to look forward to
[lʊk'fɔːwəd] **sich freuen (auf)**
I'm really looking forward to the holiday! ↔ *Ich freue mich schon total auf den Urlaub!* ugs

satisfied
['sætɪsfaɪd] **zufrieden**
Steven is very satisfied with his job. ↔ *Steven ist sehr zufrieden mit seinem Job.*

dissatisfied
[dɪs'sætɪsfaɪd] **unzufrieden**
Regardless of what happens, you're always dissatisfied. ↔ *Egal was passiert, du bist immer unzufrieden.*

to resign
[rɪ'zaɪn] **(selbst) kündigen**
You can't resign, we need you! ↔ *Sie können nicht kündigen, wir brauchen Sie!*

Looks like I might be getting a pay rise – kerching! ugs Sieht aus, als würde ich bald 'ne Gehaltserhöhung bekommen – da höre ich die Kasse klingeln! ugs

to dismiss, sack

[dɪsˈmɪs, sæk] **entlassen**
Frank was sacked for always being late. •→ *Frank wurde entlassen, weil er immer zu spät kam.*

holiday

[ˈhɒlədeɪ] **der Urlaub, die Ferien**
Both pupils and teachers cannot wait for the summer holidays. •→ *Sowohl die Schüler als auch die Lehrer, können es kaum noch erwarten bis zu den Sommerferien.*

to retire

[rɪˈtaɪəʳ] **in Rente gehen**
When I retire, I'm going to buy a boat. •→ *Wenn ich in Rente gehe, kaufe ich mir ein Boot.*

Alles, was Spaß macht

Frei-zeit

hobby
['hɒbi] **das Hobby**
Do you have any hobbies? → *Hast du Hobbies?*

free time
[friː'taɪm] **die Freizeit**
What do you do in your free time? → *Was machst du in deiner Freizeit?*

fun
[fʌn] **der Spaß**
Thanks for inviting me to your party; it was great fun. → *Vielen Dank für die Einladung zu deiner Party; es hat viel Spaß gemacht.*

interested in sth
['ɪntrəstɪdɪn] **interessiert an etw**
I'm interested in photography. → *Ich interessiere mich für Fotografie.*

to be into sth *ugs*
[biː'ɪntə] **etw sehr gern machen**
Most of my friends are into computer games. → *Die meisten meiner Freunde finden Computerspiele toll.*

interesting
['ɪntrəstɪŋ] **interessant**
That's an interesting hobby. → *Das ist ein interessantes Hobby.*

great
[greɪt] **toll, großartig**
I think your pictures are great! → *Ich finde deine Bilder großartig!*

to relax
[rɪ'læks] **(sich) entspannen**
We spent most of the holiday relaxing on the beach. → *Die meiste Zeit des Urlaubs haben wir damit verbracht, uns am Strand zu entspannen.*

wellness
['welnəs] **die Wellness**
I like going to the wellness centre at weekends. → *Am Wochenende gehe ich gerne ins Wellnesscenter.*

relaxation
[ˌriːlæk'seɪʃən] **die Entspannung, Erholung**
You cannot possibly think gardening is a form of relaxation! → *Du kannst*

doch nicht ernsthaft glauben, Gartenarbeit sei entspannend!

TV
[ˌtiːˈviː] **der Fernseher**
What's on TV tonight? → *Was kommt heute Abend im Fernsehen?*

Hobby

Don't be such a couch potato – switch the TV off. ugs **Sei nicht so eine Couchpotato – mach die Kiste aus.** ugs

to doss around *ugs*
[dɒsəˈraʊnd] **faul rumhängen** *ugs*
He spends most of his time dossing around. → *Er verbringt die meiste Zeit damit, faul rumzuhängen.*

to veg out *ugs*
[vedʒˈaʊt] **abhängen, chillen** *ugs*
We chill out at Chris' every day after school. → *Jeden Tag nach der Schule hängen wir bei Chris ab.*

theme park
[ˈθiːmˌpɑːk] **der Erlebnispark**
Euro Disney is the only theme park I have been to. → *Euro Disney ist der einzige Erlebnispark, in dem ich bisher war.*

to go shopping
[ɡəʊˈʃɒpɪŋ] **shoppengehen**
I love going shopping on Saturdays. → *Ich gehe total gerne samstags shoppen.* ugs

to sing
[sɪŋ] **singen**
I used to sing in a band. → *Ich habe früher in einer Band gesungen.*

to dance
[dɑːn(t)s] **tanzen**
Would you like to dance? → *Möchtest du tanzen?*

to do handicrafts
['hændɪkrɑ:fts] **basteln**
My friend Julia likes doing handicrafts. •• *Meine Freundin Julia bastelt gerne.*

to read
[ri:d] **lesen**
My hobbies are swimming and reading. •• *Meine Hobbies sind Schwimmen und Lesen.*

to paint
[peɪnt] **malen**
In my spare time I like to paint. •• *In meiner Freizeit male ich gerne.*

to swim
[swɪm] **schwimmen**
Anyone want to go swimming? *ugs* •• *Hat jemand Lust, schwimmen zu gehen?*

sport
[spɔ:t] **der Sport, die Sportart**
Do you like sport? •• *Magst du Sport?*

Who me? Nah. I don't do anything! Sport kills. Ich? Nööö. Ich mache gar nichts! Sport ist Mord.

sporty
['spɔ:ti] **sportlich**
My neighbour's really sporty; you can tell by just looking at him. •• *Mein Nachbar ist richtig sportlich, das sieht man ihm auch an.*

What a hunk! ugs Was für ein Traumkerl! ugs

competition
[ˌkɒmpə'tɪʃən] **der Wettbewerb**
All 10 clubs took part in the competition. •• *Bei dem Wettbewerb haben alle zehn Vereine mitgemacht.*

to lose
[lu:s] **verlieren**
The last time we played, I lost. •• *Das letzte Mal, als wir gespielt haben, habe ich verloren.*

to win
[wɪn] **gewinnen**
I'm going to win this time. •• *Dieses Mal gewinne ich.*

winner
['wɪnə'] **der Gewinner, die Gewinnerin**
The actual winner is Tom, although he didn't come first. •• *Tatsächlich hat Tom gewonnen, obwohl er nicht als Erster ankam.*

to practise
['præktɪs] **üben, trainieren**
Our team practises twice a week. ↔ *Unser Team trainiert zweimal pro Woche.*

club
[klʌb] **der Klub, der Verein**
I joined a football club 2 months ago. ↔ *Ich bin seit 2 Monaten in einem Fußballverein.*

football
['fʊtbɔ:l] **der Fußball**
Steve broke his leg playing football. ↔ *Steve hat sich beim Fußballspielen das Bein gebrochen.*

practice
['præktɪs] **die Übung, das Training**
What time is football practice today? ↔ *Wann haben wir heute Fußballtraining?*

to play
[pleɪ] **spielen**
Do you play tennis? ↔ *Spielst du Tennis?*

to surf the Internet
[sɜ:fðiː'ɪntənet] **im Internet surfen**
My children spend all their free time surfing the net. ↔ *Meine Kinder verbringen ihre ganze Freizeit mit Surfen im Internet.*

music
['mju:zɪk] **die Musik**
What sort of music do you like? ↔ *Was für Musik magst du gerne?*

pop music
['pɒp,mju:zɪk] **die Popmusik**
My daughter listens to pop music all the time. ↔ *Meine Tochter hört die ganze Zeit Popmusik.*

Glastonbury findet seit 1970 auf der Worthy Farm in Somerset statt. Obwohl es mittlerweile zahlreiche andere Festivals gibt, gilt ‚Glasto' mit seinen ehrenwerten Prinzipien noch immer als das größte und beste.

rock 'n' roll
[ˌrɒkən'rəʊl] **der Rock 'n' Roll**
Rock 'n' roll is too old-fashioned for me. ➜ *Rock 'n' Roll ist mir zu altmodisch.*

classical music
[ˌklæsɪkəl'mju:zɪk] **die klassische Musik**
We went to a classical music concert last night. ➜ *Wir waren gestern Abend auf einem klassischen Konzert.*

country music
['kʌntriˌmju:zɪk] **die Countrymusik**
Country music isn't really my thing. ➜ *Countrymusik ist nicht wirklich meine Musikrichtung.*

soul (music)
[səʊl] **der Soul**
Do you know a good radio station that plays soul? ➜ *Kennst du einen guten Radiosender, der Soul spielt?*

jazz
[dʒæz] **der Jazz**
Some people just can't stand jazz. ➜ *Manche Leute können Jazz einfach nicht ausstehen.*

song
[sɒŋ] **das Lied**
Do you know this song? ➜ *Kennst du dieses Lied?*

to sing
[sɪŋ] **singen**
He sings in the bath. ➜ *Er singt in der Badewanne.*

instrument
['ɪnstrəmənt] **das Instrument**
Do you play an instrument? ➜ *Spielst du ein Instrument?*

guitar
[gɪ'tɑ:'] **die Gitarre**
Peter stood looking at the guitar in the shop window. ➜ *Peter stand da und schaute sich die Gitarre im Schaufenster an.*

piano
[pi'ænəʊ] **das Klavier**
The flat's too small for a piano. ➜ *Die Wohnung ist zu klein für ein Klavier.*

trumpet
['trʌmpɪt] **die Trompete**
It takes a lot of practice to play the trumpet well. ➜ *Um gut Trompete spielen zu können, muss man sehr viel üben.*

violin
[ˌvaɪə'lɪn] **die Geige**
The first instrument I learnt to play was the violin. ➜ *Geige habe ich als erstes Instrument gelernt.*

drum
[drʌm] **die Trommel**
You could hear the bass drum through the wall. ↔ *Man konnte die Basstrommel durch die Wand hören.*

orchestra
['ɔ:kɪstrə] **das Orchester**
Susan plays the violin in an orchestra. ↔ *Susan spielt Geige in einem Orchester.*

choir
[kwaɪəʳ] **das Chor**
Julia sings in a successful choir. ↔ *Julia singt in einem erfolgreichen Chor.*

band
[bænd] **die (Musik)gruppe, die Band**
Did you know that Keith plays the drums in a band? ↔ *Wusstest du, dass Keith in einer Band Schlagzeug spielt?*

concert
['kɒnsət] **das Konzert**
We had a super time at the concert. ↔ *Wir haben uns auf dem Konzert super amüsiert.*

We hung out at Dave's place afterwards. ugs
Anschließend haben wir bei Dave abgehangen. ugs

group
[gru:p] **die Gruppe**
She used to sing in a pop group. ↔ *Sie hat mal in einer Popgruppe gesungen.*

earache
['ɪəreɪk] **die Ohrenschmerzen**
He had a terrible earache. ↔ *Er hatte fürchterliche Ohrenschmerzen.*

He's quite a dish. ugs **Der ist ganz schön scharf.** ugs

singer
['sɪŋəʳ] **der Sänger, die Sängerin**
I know the singer in the band. ↔ *Ich kenne den Sänger der Band.*

festival
['festɪvəl] **das Fest(ival)**
Glastonbury is the biggest music festival in Britain. ↔ *Glastonbury ist das größte Musikfestival Großbritanniens.*

Das Wichtigste in Kürze

Chat und SMS

u	you	*du*
r	are	*bist*
ur	your, you're	*dein; du bist*
lol	laugh out loud	*laut lachend*
2	to, too (z.B. I will be there 2)	*nach; auch*
4	for; auch bei Wörtern wie b4 (before)	*für*
8	ersetzt die Silbe -ate; auch bei Wörtern wie l8r oder sk8r	
l8r	later	*bis später*
sk8r	skater	*Skater*
y	why, yes; meist jedoch why	*warum; ja*
k	okay; auch erweiterbar zu kk	*okay*
c	see (z.B. cu l8r)	*sehen*
cu l8r	see you later	*bis später*
omg	oh my god	*oh mein Gott*
omfg	oh my fucking god	*ach du Scheiße*
g2g	got to go	*muss los*
rofl	rolling on the floor laughing	*liege lachend am Boden*
lmao	laugh my ass off	*lach mich halb tot*
tmrw, 2moro	tomorrow	*morgen*

gl	good luck	*viel Glück*
bl	bad luck	*Pech*
hf	have fun	*viel Spaß*
gg	good game, good going	*gutes Spiel, gut so*
gj	good job	*super*
idc	I don't care	*ist mir egal*
idk	I don't know	*weiß ich nicht*
ttyl	talk to you later	*wir sprechen uns später*
ttfn	ta ta for now	*bis später*
ty	thank you	*danke*
thx	thanks	*danke*
np	no problem	*kein Problem*
brb	be right back	*bin gleich wieder da*
afk	away from keyboard	*bin gerade nicht am PC*
tbh	to be honest	*um ehrlich zu sein*
atm	at the moment	*im Moment*
btw	by the way	*übrigens*
cbb	can't be bothered	*hab kein Bock*
jk	just kidding	*war nur ein Scherz*
imho	in my humble opinion	*wenn du mich fragst*
afaik	as far as I know	*soviel ich weiß*
iirc	if I recall correctly	*wenn ich mich recht erinnere*
w/w	whatever; weekend	*wie auch immer; Wochenende*
wtf	what the fuck	*was zum Teufel*
txt	text	*Text*
idgaf	I don't give a fuck	*ist mir scheißegal*

Reisen und Feiern

In der Stadt unterwegs

town

[taʊn] **die Stadt**
They met in town and spent the afternoon looking for bargains. ➜ *Sie trafen sich in der Stadt und verbrachten den Nachmittag damit, auf Schnäppchenjagd zu gehen.*

(street) map

['stri:tˌmæp] **der Stadtplan**
He couldn't find the street of his hotel on the map. *Er konnte die Straße seines Hotels nicht auf dem Stadtplan finden.*

sights

[saɪts] **die Sehenswürdigkeiten**
They spent the day touring the famous sights. ➜ *Sie verbrachten den Tag damit, die berühmten Sehenswürdigkeiten zu besuchen.*

(guided) tour

['gaɪdɪd 'tɔ:ʳ] **der Rundgang**
Would you like a tour of the castle? ➜ *Möchten Sie eine Schlossführung machen?*

to visit

['vɪzɪt] **besuchen, besichtigen**
When you're in Norwich, you must visit the cathedral. ➜ *Wenn du nach Norwich kommst, musst du unbedingt die Kathedrale besichtigen.*

visitor

['vɪzɪtəʳ] **der Besucher, die Besucherin**
We have some visitors from Norway staying with us. ➜ *Wir haben gerade Besuch aus Norwegen.*

I can't be fucked going to the museu today. vulg **Ich hab kein Bock, heute ins Museum zu gehen.** ugs

museum

[mju:'zi:əm] **das Museum**
Museum of modern art ➜ *Museum für moderne Kunst*

exhibition
[ˌeksɪˈbɪʃən] **die Ausstellung**
There's an exhibition of African musical instruments at the museum. → *Im Museum gibt es eine Ausstellung afrikanischer Musikinstrumente.*

gallery
[ˈgæləri] **die Galerie**
The gallery was closed for lunch when they arrived. → *Als sie ankamen, hatte die Galerie gerade über Mittag geschlossen.*

ticket
[ˈtɪkɪt] **die Eintrittskarte**
You don't need a ticket to go into the museum, it's free. → *Du brauchst keine Eintrittskarte für das Museum, es ist umsonst.*

art
[ɑːt] **die Kunst**
She's very interested in art. → *Sie interessiert sich sehr für Kunst.*

culture
[ˈkʌltʃəʳ] **die Kultur**
If it's culture you're after, I'd recommend the galleries in the town centre. → *Wenn du Kultur suchst, kann ich dir die Galerien in der Stadtmitte empfehlen.*

cultural
[ˈkʌltʃərəl] **kulturell, Kultur-**
This town's a bit of a cultural desert! → *Diese Stadt gleicht einer kulturellen Wüste!*

event
[ɪˈvent] **die Veranstaltung, der Anlass**
The function room can also be booked for special events such as weddings or christenings. → *Der Veranstaltungsraum kann auch für spezielle Anlässe, wie zum Beispiel Hochzeiten oder Taufen, gebucht werden.*

cultural heritage
[ˌkʌltʃərəlˈherɪtɪdʒ] **das Kulturerbe**
It is a city of significant cultural heritage. → *Das ist eine Stadt mit bedeutendem Kulturerbe.*

artist
[ˈɑːtɪst] **der Künstler, die Künstlerin**
Which artist painted this picture? → *Welcher Künstler hat dieses Bild gemalt?*

'hose women ike to bling-·ling it. ugs Diese rauen tragen gerne roße Klunker. ugs

artistic
[ɑ:'tɪstɪk] **künstlerisch**
The painting shows an artistic impression of the Battle of Waterloo. *Das Bild zeigt eine künstlerische Darstellung der Schlacht von Waterloo.*

Theater und Kino

theatre
['θɪətəʳ] **das Theater**
Shall we see what's on at the theatre? → *Wollen wir mal schauen, was im Theater kommt?*

show
[ʃəʊ] **die Show**
We went to the West End and saw a show. *Wir gingen zum West End und sahen uns eine Show an.*

night
[naɪt] **die Nacht**
There's nothing better than a night out at the theatre. → *Es geht doch nichts über einen Abend im Theater.*

to ask
[ɑ:sk] **fragen**
Why don't you ask the receptionist? → *Warum fragst du nicht die Empfangsdame?*

cash desk
['kæʃˌdesk] **die Kasse**
You can pay at any cash desk. → *Man kann an jeder Kasse bezahlen.*

cash
[kæʃ] **das Bargeld**
Do you have enough cash on you? → *Hast du genug Bargeld dabei?*

ticket
['tɪkɪt] **die Eintrittskarte**
Let's see if we can get tickets to the musical 'Cats'. → *Mal sehen, ob wir Karten für das Musical ‚Cats' bekommen.*

box
[bɒks] **die Loge**
Shall we get a box at the theatre? → *Sollen wir im Theater eine Loge nehmen?*

seat
[si:t] **der Sitz(platz)**
Excuse me, I think you're sitting in our seats. → *Entschuldigen Sie, ich glaube, Sie sitzen auf unseren Plätzen.*

That gobshite's nicked my seat. vulg **Der Idiot da hat meinen Platz geklaut.** vulg

row
[rəʊ] **die Reihe**
Oh, I'm sorry, we're in the wrong row. ➜ *Oh, Entschuldigung, wir sind in der falschen Reihe.*

stage
[steɪdʒ] **die Bühne**
The actors came back on stage to great applause. ➜ *Die Schauspieler kamen unter großem Applaus auf die Bühne zurück.*

play
[pleɪ] **das Schauspiel, das Theaterstück**
We went to the National Theatre to see a play by Chekhov. ➜ *Wir sind ins Nationaltheater gegangen, um uns ein Stück von Tschechow anzusehen.*

opera
['ɒpərə] **die Oper**
I'm not a big fan of opera. ➜ *Ich bin kein großer Opernfan.*

ballet
['bæleɪ] **das Ballet**
The first ballet I saw was 'Swan Lake'. ➜ *Die erste Ballettaufführung, die ich gesehen habe, war ‚Schwanensee'.*

drama
['drɑːmə] **das Schauspiel, das Drama**
Diana's a drama student. ➜ *Diana ist Schauspielschülerin.*

action
['ækʃən] **die Handlung**
The action takes place in a castle in the Alps. ➜ *Die Handlung spielt auf einer Burg in den Alpen.*

actor
['æktəʳ] **der Schauspieler**
What is the name of the actor who played Hamlet? ➜ *Wie heißt der Schauspieler, der Hamlet gespielt hat?*

It was all right, just nothing to write home about. **Es war ok, aber eben nichts Besonderes.**

actress
['æktrəs] **die Schauspielerin**
I didn't think much of the actress who played the queen. •› *Ich fand die Schauspielerin, die die Königin gespielt hat, nicht wirklich gut.*

cinema
['sɪnəmə] **das Kino**
The weather was bad so we decided to go to the cinema. •› *Das Wetter war so schlecht, dass wir beschlossen, ins Kino zu gehen.*

film
[fɪlm] **der Film**
We decided to stay in and watch a film. •› *Wir entschieden, zu Hause zu bleiben und einen Film anzusehen.*

part
[pɑ:t] **die Rolle**
Who is playing the part of Romeo? •› *Wer spielt den Romeo?*

scene
[si:n] **die Szene**
We arrived late and missed the first scene. •› *Wir kamen zu spät und verpassten die erste Szene.*

act
[ækt] **der Akt**
After the second act there will be a break of ten minutes. •› *Nach dem zweiten Akt gibt es eine zehnminütige Pause.*

audience
['ɔ:diən(t)s] **das Publikum, die Zuschauer**
The singer dedicated the song to a woman in the audience. •› *Der Sänger widmete das Lied einer Frau im Publikum.*

to clap
[klæp] **klatschen**
The audience continued clapping even after the band left the stage. •› *Das Publikum klatschte weiter auch nachdem die Band von der Bühne gegangen war.*

applause
[ə'plɔ:z] **der Applaus**
The audience loved it, the applause went on for ten minutes! •› *Das Publikum fand es toll, der Applaus ging zehn Minuten lang!*

critic
['krɪtɪk] **der Kritiker, die Kritikerin**
The play was highly acclaimed by the critics. •› *Das Schauspiel wurde von den Kritikern hochgelobt.*

Party People!

to go out
[gəʊ'aʊt] **ausgehen**
Go out on the town. ↔ *Die Stadt unsicher machen.* ugs

to be bored shitless
slang **abschimmeln** *slang*
We're bored shitless here, someone suggest something! ↔ *Wir schimmeln hier gerade ab, mach mal jemand 'nen Vorschlag!*

celebration
[ˌselə'breɪʃən] **die Feier**
This calls for a celebration! ↔ *Das sollten wir feiern!*

Where's the crack at? slang
Wo geht was? slang

bar
[bɑː'] **die Bar**
I'll meet you in the hotel bar at 8. ↔ *Ich sehe dich um 8 Uhr in der Hotelbar.*

disco
['dɪskəʊ] **die Disco(thek)**
The pub has a disco every Saturday night. ↔ *In dem Pub steigt jeden Samstag eine Disco.* ugs

to go clubbing
[gəʊ'klʌbɪŋ] **clubben gehen**
slang
Do you fancy going clubbing this Friday? ↔ *Hast du Bock, am Freitag auszugehen?* ugs

dive
[daɪv] **die Spelunke**
The place was a dive. ↔ *Das war ein üble Spelunke.*

Let's go on a pub crawl. **Lass uns auf 'ne Kneipentour gehen.**

pub
[pʌb] **die Kneipe, der Pub**
I sometimes go to the pub with my colleagues after work. ↔ *Ich gehe manchmal mit meinen Kollegen nach der Arbeit in die Kneipe.*

group
[gruːp] **die Gruppe, die Clique**
A group of girls got on the bus. ↔ *Eine Gruppe Mädchen stieg in den Bus ein.*

together
[tə'geðəʳ] **zusammen**
I want to see that film too, let's go together. ➻ *Ich will den Film auch sehen, lasst uns doch zusammen hingehen.*

guy *ugs*
[gaɪ] **der Typ, der Kerl** *ugs*
Who's that guy over there? ➻ *Wer ist der Typ da drüben?*

bloke *ugs*
[bləʊk] **der Typ** *ugs*
This bloke was trying to chat me up. ➻ *Dieser Typ hat versucht, mich anzubaggern.* *ugs*

to chill *ugs*
[tʃɪl] **relaxen, abhängen** *ugs*
Let's just chill. ➻ *Lass uns einfach abhängen.*

to chill out¹ *ugs*
[tʃɪl 'aʊt] **abhängen, chillen, schimmeln** *ugs*
We chilled out in the pub. ➻ *Wir haben in der Kneipe gechillt.*

to chill out² *ugs*
[tʃɪl'aʊt] **sich beruhigen, entschleunigen**
Hey, chill out, will you! ➻ *Hey, komm' mal runter!*

to take a chill pill *ugs*
[teɪkə'tʃɪlpɪl] **cremig bleiben** *slang*
Why don't you take a chill pill! ➻ *Hey, bleib schön cremig.*

fancy
['fæn(t)si] **fein, schick**
Those are very fancy earrings. ➻ *Das sind aber sehr schicke Ohrringe.*

lounge lizard
['laʊndʒˌlɪzəd] **der Salonlöwe, die Salonlöwin**
It's a perfect bar for lounge lizards like me. ➻ *Es ist die perfekte Bar für Salonlöwen wie mich.*

to dance
[dɑːn(t)s] **tanzen**
We danced all night. ➻ *Wir haben die ganze Nacht getanzt.*

to celebrate
['seləbreɪt] **feiern**
How do you want to celebrate your birthday this year? ➻ *Wie möchtest du dieses Jahr deinen Geburtstag feiern?*

He was drunk as a skunk. Er war sternhagelvoll.

beverage
['bevərɪdʒ] **das Getränk**
A selection of hot and cold beverages are available at the bar. ➻ *An der Bar kann*

man eine Auswahl an heißen und kalten Getränken bekommen.

water
['wɔ:tə'] **das Wasser**
We only have still water. ↔ *Wir haben nur stilles Wasser.*

booze *ugs*
[bu:z] **der Alk** *ugs*
We have to get some more booze for tonight. ↔ *Wir müssen für heute Abend noch mehr Alk besorgen.*

beer
[bɪə'] **das Bier**
The bar serves international beers on draught. ↔ *An der Bar gibt es internationale Biere vom Fass.*

schnapps
[ʃnæps] **der Schnaps**
Our hosts ordered a round of schnapps after the meal. ↔ *Unsere Gastgeber nach dem Essen bestellten eine Runde Schnaps.*

wine
[waɪn] **der Wein**
The rosé wine wasn't chilled. ↔ *Der Roséwein war nicht gekühlt.*

boozer¹ *ugs*
['bu:zə'] **der Säufer, die Säuferin** *slang*
Grant's a bit of a boozer. ↔ *Grant ist ein ziemlicher Säufer.*

He got hammered. Er war hackedicht.

boozer² *ugs*
['bu:zə'] **die Kneipe, der Pub**
Grant's popped down the boozer for a pint. ↔ *Grant tauchte in der Kneipe auf ein Bier auf.*

be out of one's box *ugs*
hackedicht sein *ugs*
Emma was out of her box and threw up in the back of the taxi. ↔ *Emma war hackedicht und kotzte auf den Rücksitz des Taxis.*

to get out of one's head *ugs*
sich volllaufen lassen, sich abschädeln *slang*
Did you get out of your head again last night? ↔ *Hast du dich gestern Abend wieder volllaufen lassen?*

to chunder *slang*
['tʃʌndəʳ] **kotzen** *vulg*
He's just chundered on the pavement. ↔ *Er hat gerade den Gehweg vollgekotzt.*

smoke
[sməʊk] **der Rauch**
The room was full of smoke. ↔ *Der Raum war voller Rauch.*

bog, loo *ugs*
[bɒg, lu:] **das Klo** *ugs*
Paul's on the loo. ↔ *Paul ist auf'm Klo.*

I'm going for a dump.
Ich geh und mach 'ne Sitzung.

to bum a ciggy *slang*
eine Kippe schnorren *ugs*
Can I bum a ciggy? ↔ *Kann ich mal 'ne Kippe schnorren?*

brass *ugs*
[brɑ:s] **die Knete** *ugs*
Sorry, mate, I've got no brass on me myself! ↔ *Tut mir leid Kumpel, ich habe selber keine Knete bei mir!*

No shit (Sherlock!) *ugs*
Ach, was du nicht sagst!

bill
[bɪl] **die Rechnung**
Can we have the bill please? ↔ *Könnten wir bitte die Rechnung haben?*

to fork out *ugs*
[fo:k'aʊt] **blechen, hinblättern** *ugs*
How much did you fork out on that then? ↔ *Und, was hast du dafür hingeblättert?* *ugs*

Nicht nur in Deutschland fängt bei der Jugend und den Partygänger der Spaß schon vor dem eigentlichen Ausgehen an. Das Verb *prelash* bedeutet „vorglühen" und kann in Sätzen wie *There's no need to prelash, booze is really cheap in the uni bar* (Wir brauchen nicht vorzuglühen, der Alk in der Uni-Bar ist spottbillig) oder auch *Let's have a prelash before hitting the clubs* (Lasst uns vorglühen, bevor wir um die Häuser ziehen) verwendet werden.

crap *slang*
[kræp] **der Mist, die Kacke**
The concert was totally crap. •› *Das Konzert war totaler Mist.*

It was the dog's bollocks! **Das war affengeil!**

kiss
[kɪs] **der Kuss**
She gave him a quick kiss and walked away. •› *Sie gab ihm einen flüchtigen Kuss und ging weg.*

way home
[weɪˈhəʊm] **der Heimweg**
James is on his way home. •› *James ist auf dem Heimweg.*

exit, way out
[ˈeksɪt, ˌweɪˌaʊt] **der Ausgang**
She looked for the nearest exit. •› *Sie suchte den nächsten Ausgang.*

Das Wichtigste in Kürze

Pubbing and Clubbing	Kneipe und Party
mate	*der Kumpel*
party	*die Party*
ciggy fag	*die Fluppe/Kippe/Ziggi*
to bum a ciggy	*eine Kippe schnorren*
to spark up	*sich eine anmachen*
beer	*das Bier*
pint	*0,568 l Bier*
plonk	*der Fusel*
piss-up	*das Trinkgelage*
G 'n' T (gin tonic)	*der Gin Tonic*
snakebite	*der Cidre mit Bier*
snakebite and black	*der Cidre mit Bier und schwarzem Johannisbeersyrup*
lager and lime	*das Bier mit Limettensyrup*
shandy	*das Radler*
Cheers!	*Prost!*
be pissed as a fart/rat-arsed/trashed	*sternhagelvoll sein*
hangover	*der Kater*
be hung over/have a hangover	*einen Kater haben*
to chunder to puke one's guts out	*kotzen/göbeln*
club	*die Disko*
after work party	*die After-Work-Party*

to stand sb up	*jdn versetzen*
to go for a pint	*einen trinken gehen*
to get trashed/pissed	*sich einen hinter die Binde kippen*
to go on a pub crawl	*auf Kneipentour gehen*
to go out on the town	*die Stadt unsicher machen*
to do an all-nighter	*die ganze Nacht durchmachen*
to chill out/hang out	*chillen/loungen/herumhängen*
What's the score/crack?	*Was geht (ab)?*
Where's the crack at?	*Wo geht was ab? Wo ist was los?*
The club is kicking!	*In der Disko herrscht 'ne Bombenstimmung*
The music's pumping!	*Die Musik ist voll cool/geil.*
The place was a dive	*Das war ein üble Spelunke*
to score	*Stoff beschaffen*
to drop an acid/E	*LSD/Ecstasy einwerfen*
to skin up	*eine Tüte bauen*
to draw a line	*eine Line ziehen*

Flirting

Flirting	**Flirten**
You have lovely eyes	*Du hast tolle Augen*
You have a lovely smile	*Du hast so ein tolles Lächeln*
I like your sense of humour	*Ich mag deinen Humor*
I like you	*Du gefällst mir*
I like you a lot	*Ich mag dich sehr*
I'm crazy about you	*Ich bin verrückt nach dir*
I love you!	*Ich liebe dich!*
Do you have a girlfriend/boyfriend?	*Hast du eine feste Freundin/einen festen Freund?*
Are you married?	*Bist du verheiratet?*
I'm divorced	*Ich bin geschieden*

We're separated.	*Wir leben getrennt.*
Do you want to come back to my place?	*Kommst du mit zu mir?*
No, it's too soon for me.	*Nein, das geht mir zu schnell.*

Paying compliments — **Komplimente machen**

How nice/lovely!	*Wie schön!*
That's wonderful/great!	*Das ist wunderbar!*
That looks good!	*Das sieht gut aus!*
You look wonderful/(very) nice. – Oh, thanks!	*Du siehst toll aus. – Oh, danke!*
That's very kind of you!	*Das ist sehr nett von Ihnen/dir!*
It really is lovely here!	*Es ist wirklich traumhaft hier!*

Wanting to see someone again — **Jemanden wiedersehen wollen**

When will we see each other again?	*Wann sehen wir uns wieder?*
I would like to see you again.	*Ich würde dich gerne wiedersehen.*

Arranging to meet — **Sich verabreden**

Have you got any plans for tomorrow evening?	*Hast du morgen Abend schon etwas vor?*
Shall we do something together this evening?	*Wollen wir heute Abend etwas zusammen machen?*
Can I take you out for dinner?	*Darf ich dich zum Essen einladen?*
When shall we meet?	*Wann treffen wir uns?*
Let's meet at 8 o'clock in front of/in ...	*Treffen wir uns um 8 Uhr vor/im ...*

Positions	Stellungen
missionary position	*die Missionarsstellung*
doggy style	*die Hündchenstellung*
spooning	*die Löffelchenstellung*
woman on top, cowgirl	*die Reiterstellung*
the Scandinavian	*die verirrte Reiterin*
sixty-niner, 69	*die Neunundsechzig, die 69*
tit wank *vulg*	*die spanische Stellung, der Busensex*

Sexual practices	Sexualpraktiken
manual	*manuell*
vaginal	*vaginal*
oral	*oral, französisch (Cunnilingus, Fellatio)*
anal	*anal, griechisch (Anilingus)*
tit wank *vulg*	*spanisch (Mammalverkehr, Busensex)*
roleplay	*englisch (erzieherische Rollenspiele)*
kinky sex *slang*	*Sex der anderen Art (Rollenspiele, BDSM u.Ä.)*
dry fuck *vulg*	*Schenkelverkehr*
fisting	*Fisting*
quickie	*Quickie*
cybersex	*Cybersex*
exhibitionism	*Exhibitionismus*
phone sex	*Telefonsex*
voyeurism	*Voyeurismus*
partner swap/wife swap	*Partnertausch/Frauentausch*
BDSM	*(Bondage & Discipline, Dominance & Submission, Sadomasochismus)*

Sextoys	**Sexspielzeug**
dildo	*der Dildo, der Godemiché*
vibrator	*der Vibrator*
Ben Wa balls	*die Liebeskugeln, die Lustkugeln*
cockring	*der Penisring*
blow-up doll	*die Gummipuppe, die Sexpuppe*
artificial vagina	*die Vaginanachbildung / die künstliche Vagina*
handcuffs	*die Handschellen*
whip	*die Peitsche*
blindfold	*die Augenbinde*

Methods of contraception	**Verhütungsmittel**
pill	*die Pille*
Implanon®	*das Verhütungsstäbchen*
(contraceptive) patch	*das Verhütungspflaster*
hormone coil	*die Hormonspirale*
coil	*die Spirale*
condom	*das Kondom*
femidom	*das Frauenkondom*
diaphragm	*das Diaphragma, das Pessar*
spermicide	*das Spermizid*
symptothermal method	*die Temperaturmethode*
calendar method	*die Kalendermethode*
Persona®	*Persona®*

Politik und Gesellschaft

Politik

people
['pi:pl] **das Volk**
The people are demanding a change of government. ↔ *Das Volk verlangt einen Regierungswechsel.*

nation
['neɪʃən] **die Nation**
How many nations are in the European Union? ↔ *Wie viele Nationen sind in der Europäischen Union?*

state
[steɪt] **der Staat**
head of state ↔ *Staatsoberhaupt*

country
['kʌntri] **das Land**
Which country do you come from? ↔ *Aus welchem Land kommen Sie/kommst du?*

free
[fri:] **frei**
It's a free country, you can live where you want to. ↔ *Es ist ein freies Land, man kann wohnen, wo man möchte.*

freedom
['fri:dəm] **die Freiheit**
Is freedom of religion a human right? ↔ *Ist Religionsfreiheit ein Menschenrecht?*

independent
[ˌɪndɪ'pendənt] **unabhängig**
Newspapers should be independent. ↔ *Zeitungen sollten unabhängig sein.*

system
['sɪstəm] **das System**
I don't understand the Russian political system. ↔ *Ich verstehe das politische System Russlands nicht.*

democracy
[dɪ'mɒkrəsi] **die Demokratie**
You cannot have a democracy without free and fair elections. ↔ *Ohne freie und faire Wahlen gibt es keine Demokratie.*

democratic
[ˌdemə'krætɪk] **demokratisch**
The country held a democratic election for the first time in five years. ↔ *Zum ersten Mal seit fünf Jahren gab es in diesem Land demokratische Wahlen.*

republic
[rɪ'pʌblɪk] **die Republik**
The UK is not a republic, it is a monarchy. ↔ *Das Vereinigte Königreich ist keine Republik, sondern eine Monarchie.*

monarchy
['mɒnəki] **die Monarchie**
Spain, Norway, Sweden, Denmark, Holland and Belgium are also monarchies. ↔ *Spanien, Norwegen, Schweden, Dänemark, Holland und Belgien sind ebenfalls Monarchien.*

president
['prezɪdənt] **der Präsident, die Präsidentin**
How many presidents of the United States do you know? ↔ *Wie viele Präsidenten der Vereinigten Staaten kennst du?*

king
[kɪŋ] **der König**
Who is going to be the next king of the UK? ↔ *Wer wird der nächste König des Vereinigten Königreichs?*

queen
[kwi:n] **die Königin**
Queen Victoria was queen for 64 years. ↔ *Königin Victoria war 64 Jahre lang Königin.*

kingdom
['kɪŋdəm] **das Königreich**
The United Kingdom is made up of Great Britain (England, Scotland, Wales) and Northern Ireland. ↔ *Das Vereinigte Königreich besteht aus Großbritannien (England, Schottland, Wales) und Nordirland.*

citizen
['sɪtɪzən] **der Bürger, die Bürgerin**
The citizens of London are going to the polls to elect a new mayor. ↔ *Die Londoner Bürger wählen einen neuen Bürgermeister.*

right
[raɪt] **das Recht**
The right to vote is an important part of any democracy. ↔ *Das Wahlrecht ist ein wichtiger Bestandteil jeder Demokratie.*

Dad's sounding off about world politics again. ugs Papa lässt sich mal wieder zur weltpolitischen Lage aus. ugs

Regierung und Opposition

law
[lɔː] **das Gesetz**
Downloading copyright material is against the law. ↔ *Das Herunterladen von urheberrechtlich geschütztem Material ist gesetzwidrig.*

constitution
[ˌkɒn(t)stɪˈtjuːʃən] **die Verfassung**
The UK does not have a written constitution. ↔ *Das Vereinigte Königreich hat keine schriftliche Verfassung.*

election
[ɪˈlekʃən] **die Wahl**
When are the next elections? ↔ *Wann sind die nächsten Wahlen?*

to elect
[ɪˈlekt] **(in ein Amt) wählen**
Dave was unanimously elected to the committee. ↔ *Dave wurde einstimmig in den Ausschuss gewählt.*

party
[ˈpɑːti] **die Partei**
Do you belong to a political party? ↔ *Gehören Sie/Gehörst du einer politischen Partei an?*

member
[ˈmembəʳ] **das Mitglied**
The member of parliament for Richmond Park is a Conservative. ↔ *Der Parlamentsabgeordnete für Richmond Park ist ein Konservativer.*

politician
[ˌpɒlɪˈtɪʃən] **der Politiker, die Politiker**
Politicians debated the subject in Parliament. ↔ *Die Politiker debattierten die Angelegenheit im Parlament.*

politics
[ˈpɒlətɪks] **die Politik**
What made you go into politics? ↔ *Warum sind Sie/bist du in die Politik gegangen?*

political
[pə'lɪtɪkəl] **politisch**
We had an interesting political discussion. → *Wir hatten eine interessante politische Diskussion.*

opposition
['ɒpə'zɪʃən] **die Opposition**
They are in opposition because they lost the election. → *Sie sind in der Opposition, weil sie die Wahl verloren haben.*

chancellor
['tʃɑ:n(t)sələ˞] **der Kanzler, die Kanzlerin**
Who was the last chancellor of Germany? → *Wie hieß der letzte deutsche Bundeskanzler?*

minister
['mɪnɪstə˞] **der Minister, die Ministerin**
The British foreign minister flew to China today. → *Der britische Außenminister ist heute nach China geflogen.*

secretary
['sekrətəri] **der Staatssekretär, die Staatssektretärin**
The Education Secretary is giving an interview to the press. → *Der Kultusminister gibt der Presse ein Interview.*

office
['ɒfɪs] **das Amt**
On his first day in office he made important changes. → *An seinem ersten Tag im Amt führte er wichtige Veränderungen ein.*

public
['pʌblɪk] **öffentlich**
This information is of public interest. → *Diese Information ist von öffentlichem Interesse.*

parliament
['pɑ:ləmənt] **das Parlament**
On November 5th, 1605 Guy Fawkes attempted to blow up the parliament in London . → *Am 5. November 1605 versuchte Guy Fawkes das Parlament in London in die Luft zu jagen.*

(to) debate
[dɪ'beɪt] **die Debatte; debattieren, diskutieren**
The politicians debated the changes to the education system in parliament. → *Die Politiker debattierten im Parlament die Änderungen im Bildungssystem.*

to represent
[ˌreprɪˈzent] **vertreten; repräsentieren**
Politicians should represent not just the people who voted for them. ↔ *Politiker sollten nicht nur die, die sie gewählt haben, vertreten.*

argument
[ˈɑːgjəmənt] **die Auseinandersetzung**
An argument started between the opposition leader and the prime minister. ↔ *Zwischen dem Oppositionsführer und dem Premierminister entwickelte sich eine Auseinandersetzung.*

to argue
[ˈɑːgjuː] **argumentieren; streiten**
They were arguing about whether to close more schools. ↔ *Sie diskutierten darüber, ob noch mehr Schulen geschlossen werden sollten.*

to agree
[əˈgriː] **zustimmen, der gleichen Meinung sein; sich einigen**
They agreed to discuss it another time. ↔ *Sie einigten sich darauf, die Sache zu vertagen.*

for
[fɔːʳ] **für**
Several ministers voted for the new law. ↔ *Mehrere Minister stimmten für das neue Gesetz.*

against
[əˈgen(t)st] **gegen**
The opposition voted against the government's plans. ↔ *Die Opposition stimmte gegen die Pläne der Regierung.*

speech
[spiːtʃ] **die Rede**
The Prime Minister's speech was too long. ↔ *Die Rede des Premierministers war zu lang.*

to vote (for sb / sth)
[vəʊt(fɔːʳ)] **wählen, die Stimme abgeben (für jdn/etw)**
Who did you vote for? ↔ *Wen hast du gewählt?*

system
[ˈsɪstəm] **das System**
Most people would like a simpler tax system. ↔ *Die meisten Menschen hätten gerne ein einfacheres Steuersystem.*

Sozial-staat

tax
[tæks] **die Steuer**
income tax ↠ *Einkommenssteuer*

tax return
['tæksrɪ'tɜ:n] **die Steuererklärung**
Have you filled in your tax return yet? ↠ *Hast du schon deine Steuererklärung gemacht?*

(the) rich
[(ðə)rɪtʃ] **reich; die Reichen**
The rich are getting richer. ↠ *Die Reichen werden reicher.*

(the) poor
[(ðə)po:ʳ] **arm; die Armen**
The poor are getting poorer. ↠ *Die Armen werden ärmer.*

class
[klɑ:s] **die Schicht (der Gesellschaft)**
The working class always used to support the Labour Party. ↠ *Die Arbeiterklasse hat schon immer die Labourpartei unterstützt.*

income
['ɪŋkʌm] **das Einkommen**
How is anyone supposed to survive on so little income? ↠ *Wie soll jemand mit so einem geringen Einkommen zurechtkommen?*

Oh shit! I've got to pay extra tax again! ugs **Ah du Scheiße! Ich muss schon wieder nachzahlen!** vulg

tax-free
[tæks'fri:] **steuerfrei**
I've been offered a tax-free salary to work abroad. ↠ *Man hat mir ein steuerfreies Gehalt für eine Arbeit im Ausland angeboten.*

(to) support
[sə'pɔ:t] **die Unterstützung; unterstützen**
How does the state support single parents? ↠ *Wie unterstützt der Staat alleinerziehende Eltern?*

benefit
['benɪfɪt] **die Unterstützung, Beihilfe**
Do you get any benefits? ↔ *Bekommst du irgendwelche Sozialleistungen?*

pension
['pen(t)ʃən] **die Pension, Rente**
How much do you pay towards your pension every month? ↔ *Wie viel zahlen Sie/zahlst du monatlich in Ihre/deine Rentenversicherung ein?*

retirement
[rɪ'taɪəmənt] **die Pensionierung**
Most people look forward to retirement. ↔ *Die meisten Menschen freuen sich auf die Rente.*

Innen- und Außenpolitik

home
[həʊm] **einheimisch, inländisch, Heimat-**
I live in London now, but my home town is Manchester. ↔ *Ich wohne jetzt in London, aber meine Heimatstadt ist Manchester.*

nation
['neɪʃən] **die Nation**
The Queen spoke to the nation at Christmas. ↔ *Die Königin wandte sich an Weihnachten an die Nation.*

national
['næʃənəl] **national, National-**
Who knows the words to the national anthem? ↔ *Wer kennt den Text der Nationalhymne?*

international
[ˌɪntə'næʃənəl] **international**
This treaty is important for international trade. ↔ *Dieser Vertrag ist wichtig für den internationalen Handel.*

don't know the first thing about foreign affairs! Ich habe keine Ahnung von Außenpolitik!

foreign
['fɒrɪn] **ausländisch, auswärtig**
In Britain, foreign students pay higher fees than British students. → *In Britain bezahlen ausländische Studenten höhere Studiengebühren als einheimische.*

foreigner
['fɒrɪnəʳ] **der Ausländer, die Ausländerin**
Foreigners come to Britain to find work. → *Ausländer kommen nach Großbritannien, um Arbeit zu finden.*

domestic
[də'mestɪk] **Innen-**
Domestic opinion towards the war has changed. → *Die Menschen hier im Land denken jetzt anders über den Krieg.*

policy
['pɒləsi] **die Politik; der Plan**
Many people don't like the Government's education policy. → *Viele Menschen mögen die Bildungspolitik der Regierung nicht.*

ministry
['mɪnɪstri] **das Ministerium**
The students were demonstrating outside the Ministry of Education. → *Die Studenten demonstrierten vor dem Bildungsministerium.*

office
['ɒfɪs] **das Amt; Ministerium**
The Foreign Office in Britain is called the State Department in the USA. → *In Großbritannien heißt das Außenministerium Foreign Office, in Amerika State Department.*

capital
['kæpɪtəl] **die Hauptstadt**
When did Germany change capitals from Bonn to Berlin? → *Wann hat Deutschland seine Hauptstadt von Bonn nach Berlin verlegt?*

border
['bɔ:dəʳ] **die (Staats)grenze**
Soldiers were patrolling the border. → *Soldaten patrouillierten die Grenze.*

territory
['terɪtəri] **das (Staats-/Hoheits)gebiet, Territorium**
The pilot was shot down over enemy territory. → *Der*

Pilot wurde über feindlichem Gebiet abgeschossen.

flag

[flæg] **die Flagge, Fahne**
The British flag is called the Union Jack. ➜ *Die britische Flagge wird Union Jack genannt.*

European

[ˌjʊərə'piən] **europäisch, Europa-; der Europäer, die Europäerin**
Most of our trade is with other European countries. ➜ *Den meisten Handel treiben wir mit anderen europäischen Ländern.*

organization

[ˌɔ:gənaɪ'zeiʃən] **die Organisation**
Charity organizations don't have to pay taxes. ➜ *Wohltätigkeitsorganisationen müssen keine Steuern zahlen.*

conference

['kɒnfərən(t)s] **die Konferenz**
The international conference on animal rights was a success. ➜ *Die internationale Tierschutzkonferenz war ein Erfolg.*

to negotiate

[nɪ'gəʊʃieɪt] **verhandeln**
They negotiated all through the night. ➜ *Sie haben die ganze Nacht lang verhandelt.*

Viele britische Bürger wären gar nicht so unglücklich, wenn der Nachfolger von Königin Elizabeth II nicht ihr Sohn Charles, sondern ihr Enkel William wäre.

negotiation

[nɪˌgəʊʃi'eɪʃən] **die Verhandlung**
The new law is a result of long and hard negotiations. ➜ *Das neue Gesetz ist das Ergebnis langer und zäher Verhandlungen.*

treaty

['tri:ti] **der Vertrag, das Abkommen**
This treaty will change the political map of Europe. ➜ *Dieser Vertrag wird die politische Landschaft Europas verändern.*

agreement

[ə'gri:mənt] **die Vereinbarung, Zustimmung**
Agreement was finally reached after two days of talks. ➜ *Nach zwei Tagen Verhandlung erzielte man endlich eine Einigung.*

official

[ə'fɪʃəl] **offiziell, amtlich**
No one believed the official report. ➜ *Keiner glaubte dem offiziellen Bericht.*

neutral
['nju:trəl] **neutral**
In a democracy, a monarch must stay politically neutral. ↔ *In einer Demokratie muss ein Monarch politisch neutral bleiben.*

ambassador
[æm'bæsədə˞] **der Botschafter, die Botschafterin**
The ambassador is holding a reception tomorrow evening. ↔ *Der Botschafter gibt morgen Abend einen Empfang.*

embassy
['embəsi] **die Botschaft**
The reception will be held at the embassy. ↔ *Der Empfang findet in der Botschaft statt.*

o you know here the erman onsulate is?
eißt du, wo das eutsche Konsulat ist?

consulate
['kɒn(t)sjulət] **das Konsulat**
What is the difference between a consulate and an embassy? ↔ *Was ist der Unterschied zwischen einem Konsulat und einer Botschaft?*

immigrant
['ɪmɪgrənt] **der Einwanderer, die Einwanderin**
The quicker immigrants learn the native language, the easier life will become. ↔ *Je schneller die Einwanderer die einheimische Sprache lernen, desto einfacher wird ihr Leben.*

immigration
[ˌɪmɪ'greɪʃən] **die Einwanderung**
Germany has strict immigration laws. ↔ *Deutschland hat strenge Einwanderungsgesetze.*

to emigrate
['emɪgreɪt] **auswandern, emigrieren**
We are going to emigrate to Australia next year. ↔ *Wir wandern nächstes Jahr nach Australien aus.*

emigration
[ˌemɪ'greɪʃən] **die Auswanderung, Emigration**
Unemployment has become so widespread that many young people are considering emigration. ↔ *Die Arbeitslosenquote ist so hoch geworden, dass viele junge Leute an Auswanderung denken.*

Das Wichtigste in Kürze

Hot gossip	**Tratsch und Klatsch**
Wicked!/Sorted!	*Cool!/(Sau) geil!*
It was the dog's bollocks!	*Das war affengeil/erste Sahne!*
You're kidding me/having me on!	*Du verarscht mich, oder?*
Are you serious?/Fo sho!	*Echt? – Ja, ohne Scheiß!*
Get a load of that!	*Das ist ja der Hammer!*
No shit(, sherlock!)	*Ach, was du nicht sagst!*
Really?/Are you having me on?	*Echt?/Verarschst du mich auch nicht?*
to have a chat/natter	*tratschen/klatschen*
to bitch about sb	*über jdn lästern*
to slag sb off	*über jdn lästern*

Im Notfall

Hilfe!

ouch *ugs*
[aʊtʃ] **aua!** *ugs*
Ouch! That hurts! → *Aua! Das tut weh!*

pain
[peɪn] **der Schmerz**
Every time I bend down I get a pain in my back. → *Jedes Mal, wenn ich mich bücke, fährt es mir in den Rücken.*

to hurt (oneself)
[hɜ:t] **(sich) verletzen**
Have you hurt yourself? → *Hast du dich verletzt?*

injury
['ɪndʒəri] **die Verletzung**
Two people died from their injuries. → *Zwei Menschen starben an ihren Verletzungen.*

injured
['ɪndʒəd] **verletzt**
How many people were injured? → *Wie viele Leute wurden verletzt?*

burn
[bɜ:n] **die Verbrennung**
Several people suffered severe burns. → *Mehrere Menschen erlitten schwere Verbrennungen.*

to feel
[fi:l] **fühlen**
How do you feel? You look a little pale. → *Wie fühlst du dich? Du siehst ein bisschen blass aus.*

fine
[faɪn] **gut**
I'm fine. → *Es geht mir gut.*

OK, okay
[ə(ʊ)'keɪ] **O.K, in Ordnung**
I'm okay. → *Mir geht es gut.*

bad
[bæd] **schlecht, schlimm**
I've got a really bad headache. → *Ich habe echt schreckliche Kopfschmerzen.*

temperature
['temprətʃəʳ] **das Fieber, die Temperatur**
Yesterday she had a temperature of over 39°. → *Gestern hatte sie über 39° Fieber.*

fever
['fi:vəʳ] **das Fieber**
Recurrent bouts of fever can be a sign of malaria. → *Wiederholt auftretende Fieberanfälle können ein Zeichen von Malaria sein.*

catching, infectious, contagious
['kætʃiŋ, ɪn'fekʃəs, kən'teɪdʤəs] **ansteckend**
Is it catching/infectious/contagious? ↔ *Kann man sich damit anstecken?*

(in)curable
[(ɪn)'kjʊərəbl̩] **(un)heilbar**
Alzheimer's is to date incurable. ↔ *Bis dato ist Alzheimer unheilbar.*

accident
['æksɪdənt] **der Unfall**
Come quickly, there's been an accident. ↔ *Komm schnell, da ist ein Unfall passiert.*

e messed up ig time. ugs **Wir ben riesigen Bockmist baut.** ugs

to happen
['hæpən] **passieren, geschehen**
How did the accident happen? ↔ *Wie ist der Unfall passiert?*

to break
[breɪk] **brechen; kaputtmachen**
I think I've broken my finger. ↔ *Ich glaube, ich habe mir den Finger gebrochen.*

broken
['brəʊkən] **gebrochen; kaputt**
Are you sure it's broken? ↔ *Bist du sicher, dass es gebrochen ist?*

to fall
[fɔ:l] **fallen**
Barry broke his leg when he fell down the stairs. ↔ *Barry hat sich das Bein gebrochen, als er die Treppe heruntergefallen ist.*

to cut
[kʌt] **schneiden**
How did you cut your hand? ↔ *Wie hast du dir in die Hand geschnitten?*

to drown
[draʊn] **ertrinken, ertränken**
Many people (were) drowned when the boat sank. ↔ *Viele Leute ertranken, als das Schiff unterging.*

ambulance
['æmbjələn(t)s] **der Krankenwagen**
Call an ambulance, he's having a heart attack! ↔ *Ruf einen Krankenwagen, er hat einen Herzinfarkt!*

rescuer
['reskju:əʳ] **der Retter, die Retterin**
I'm very grateful to my rescuers; they probably

saved my life. ↠ *Ich bin meinen Rettern sehr dankbar; sie haben mir wohl das Leben gerettet.*

fire
['faɪəʳ] **das Feuer**
Two people died in the fire. ↠ *Bei dem Feuer kamen zwei Menschen ums Leben.*

fire brigade
['faɪəbrɪˌgeɪd] **die Feuerwehr**
The neighbour called the fire brigade when she saw the smoke. ↠ *Die Nachbarin rief die Feuerwehr, als sie den Rauch sah.*

illness
['ɪlnəs] **die Krankheit**
Is flu a serious illness? ↠ *Ist Grippe eine schwere Krankheit?*

victim
['vɪktɪm] **das Opfer**
The victims of the bombing were taken to hospital. ↠ *Die Opfer des Bombenanschlags wurden ins Krankenhaus gebracht.*

Erste Hilfe

emergency number
[ɪ'mɜːdʒən(t)si'nʌmbəʳ] **die Notrufnummer**
What's the number for emergencies? ↠ *Wie lautet die Notrufnummer?*

(to) help
[help] **die Hilfe; helfen**
Can I help you? ↠ *Kann ich dir / euch / Ihnen helfen?*

to get help
[gethelp] **Hilfe holen**
I'll look after him and you go for / get help. ↠ *Ich kümmere mich um ihn und du holst Hilfe.*

My mobile seems to have gone AWOL again. ugs **Mein Handy ist schon wieder verschwunden.**

first aid

[ˌfɜːstˈeɪd] **Erste Hilfe**
The crew all have to do a first aid course. ↔ *Die gesamte Besatzung muss einen Erste-Hilfe-Kurs absolvieren.*

to save

[seɪv] **retten**
The firemen saved the people from the burning building. ↔ *Die Feuerwehrleute retteten die Leute aus dem brennenden Gebäude.*

bandage

[ˈbændɪdʒ] **der Verband**
You must change the bandage daily. ↔ *Du musst den Verband täglich wechseln.*

to bandage

[ˈbændɪdʒ] **verbinden**
Can you bandage (up) this wound? ↔ *Kannst du diese Wunde verbinden?*

to give artificial respiration to sb

jdn beatmen
One of the injured had to be given artificial respiration at the scene of the accident. ↔ *Einer der Verletzten musste am Unfallort künstlich beatmet werden.*

defibrillator

[diːˈfɪbrɪleɪtəʳ] **der Defibrillator**
The doctors had to use the defibrillator. ↔ *Die Ärzte mussten den Defibrillator benutzen.*

blood

[blʌd] **das Blut**
He had blood coming out of his mouth. ↔ *Er blutete aus dem Mund.*

to bleed

[bliːd] **bluten**
The wound had almost stopped bleeding. ↔ *Die Wunde blutete schon fast nicht mehr.*

unconscious

[ʌnˈkɒn(t)ʃəs] **bewusstlos**
He was found unconscious in the road. ↔ *Er wurde bewusstlos auf der Straße gefunden*

to shout

[ʃaʊt] **rufen, schreien**
We could hear them shouting for help. ↔ Wir

hörten, wie sie um Hilfe schrien.

to scream
[skri:m] **schreien**
We could hear people screaming. ↔ *Wir hörten Leute schreien.*

hysterical
[hɪ'sterɪkəl] **hysterisch**
Most people stayed calm but one lady got quite hysterical. ↔ *Die meisten blieben ruhig, nur eine Dame wurde ziemlich hysterisch.*

(to) panic
['pænɪk] **die Panik; in Panik geraten**
Don't panic, everything will be OK. ↔ *Nur keine Panik, alles wird gut.*

shock
[ʃɔk] **der Schock**
It was a shock to hear you were pregnant. ↔ *Ich war schockiert, als ich erfuhr, dass du schwanger bist.*

serious
['sɪəriəs] **ernst**
She likes to clown around, but she can be serious too. ↔ *Sie albert gerne herum, kann aber auch ernst sein.*

wound
[wu:nd] **die Wunde**
He was bleeding from a wound in his chest. ↔ *Er blutete aus einer Wunde in der Brust.*

to faint
[feɪnt] **in Ohnmacht fallen**
Several people fainted in the heat. ↔ *Mehrere Leute wurden in der Hitze bewusstlos.*

pill
[pɪl] **die Pille, die Tablette**
Take two pills in the morning. ↔ *Nehmen Sie morgens zwei Tabletten.*

drug
[drʌg] **das Medikament, die Droge**
Buster looks like he's on drugs. ↔ *Buster sieht aus, als wäre er auf Drogen.*

Notrufnummern *(emergency numbers)* in Großbritannien:
999 für Feuerwehr, Krankenwagen, und Polizei wenn ein Verbrechen im Gang ist.
101 für die örtliche Polizei bei Einbruch, Diebstahl und kleineren Verkehrsunfällen.
112 als internationale Notrufnummer.

Im Krankenhaus

hospital
['hɒspɪtəl] **das Krankenhaus**
Peter fainted, so they've taken him to hospital. •› *Peter wurde ohnmächtig, daher haben sie ihn ins Krankenhaus gebracht.*

patient
['peɪʃənt] **der Patient, die Patientin**
The patient next door has a broken leg. •› *Der Patient von nebenan hat sich das Bein gebrochen.*

health insurance
['helθɪnʃʊərən(t)s] **die (Kranken)versicherung**
Do you have travel health insurance? •› *Haben Sie eine (Auslands)Krankenversicherung?*

doctor
['dɒktəʳ] **der Arzt, Herr Doktor** (Anrede)**, die Ärztin, Frau Doktor** (Anrede)
Dr Stevens will see you now. •› *Dr. Stevens ist jetzt frei.*

surgery (hours)
['sɜːdʒərɪ] **die Sprechstunde**
When are the surgery hours? •› *Wann ist haben Sie Sprechstunde?*

waiting room
['weɪtɪŋruːm] **das Wartezimmer**
Go into the waiting room, please. •› *Gehen Sie bitte ins Wartezimmer.*

specialist
['speʃəlɪst] **der Facharzt, die Fachärztin**
The doctor says I should see a specialist about my knee. •› *Der Arzt meint, ich solle wegen meines Knies zu einem Spezialisten gehen.*

dentist
['dentɪst] **der Zahnarzt, die Zahnärztin**
I've got toothache again, I need to go to the dentist. •› *Ich habe schon wieder Zahnschmerzen; ich muss zum Zahnarzt.*

to lie
[laɪ] **liegen**
Our dog likes to lie in front of the fire. •› *Unser Hund liegt gerne vor dem Kamin.*

to treat
[triːt] **behandeln**
Which doctor is treating you? •› *Wer ist Ihr behandelnder Arzt?*

treatment
['tri:tmənt] **die Behandlung**
The treatment doesn't seem to be working. ↔ *Die Behandlung scheint nicht anzuschlagen.*

(to) x-ray
['eksreɪ] **das Röntgenbild; röntgen**
They x-rayed his arm to check it wasn't broken. ↔ *Sie röntgten seinen Arm, um sicher zu sein, dass er nicht gebrochen war.*

to cure
[kjʊə'] **heilen**
The doctors have told me I am completely cured. ↔ *Die Ärzte teilten mir mit, dass ich komplett geheilt sei.*

to take off
[teɪk'ɒf] **ausziehen**
He took off his shirt to let the doctor examine his chest. ↔ *Er zog sich sein Hemd aus, damit der Arzt seine Brust abhören konnte.*

to turn round
[tɜ:n'raʊnd] **sich umdrehen**
Turn round please and let me look at your back. ↔ *Drehen Sie sich bitte um, dann kann ich mir Ihren Rücken anschauen.*

to examine
[ɪg'zæmɪn] **untersuchen**
The doctor examined her throat and looked in her ears. ↔ *Der Arzt untersuchte ihren Hals und schaute in ihre Ohren.*

examination
[ɪg,zæmɪ'neɪʃən] **die Untersuchung**
Peter's examination took five minutes. ↔ *Peters Untersuchung dauerte fünf Minuten.*

test
[test] **der Test**
They are going to do some tests to find out what's wrong. *Sie machen ein paar Tests, um herauszufinden, was nicht in Ordnung ist.*

diagnosis
[,daɪəg'nəʊsɪs] **die Diagnose**
They did some tests to check the doctor's diagnosis. ↔ *Sie machten ein paar Tests, um die Diagnose des Arztes zu überprüfen.*

to diagnose
['daɪəgnəʊz] **diagnostizieren, eine Diagnose stellen**
That disease is very hard to diagnose. ↔ *Diese Krankheit ist sehr schwer zu diagnostizieren.*

prescription
[prɪ'skrɪpʃən] **das (Arzt)rezept**
He took the prescription to the chemist's. ↔ *Er ging mit dem Rezept zur Apotheke.*

bed
[bed] **das Bett**
How many beds are there in the ward? ↔ *Wie viele Betten gibt es dort auf der Station?*

nurse
[nɜːs] **der Krankenpfleger, die Krankenschwester**
Quick, fetch the nurse, she's fainted! ↔ *Schnell, hol die Krankenschwester, sie ist ohnmächtig geworden!*

operation
[ˌɒpəˈreɪʃən] **die Operation**
The operation was a complete success. ↔ *Die Operation war ein voller Erfolg.*

anaesthetic
[ˌænɪsˈθetɪk] **die Narkose, die Betäubung**
This operation is done under local anaesthetic. ↔ *Dieser Eingriff erfolgt unter örtlicher Betäubung.*

alive
[əˈlaɪv] **lebendig, am Leben**
To be burnt alive must be horrible. ↔ *Bei lebendigem Leib zu verbrennen, muss schrecklich sein.*

to die
[daɪ] **sterben**
My father died when I was four years old. ↔ *Mein Vater starb, als ich vier Jahre alt war.*

dead
[ded] **tot**
My grandparents are all dead. ↔ *Meine Großeltern sind alle tot.*

She kicked the bucked the next day. ugs Am nächsten Tag hat sie den Löffel abgegeben. ugs

death
[deθ] **der Tod**
His sudden death was a great shock to us all. ↔ *Sein plötzlicher Tod hat uns alle sehr schockiert.*

corpse
[kɔːps] **die Leiche**
A corpse has been found in the woods. ↔ *Im Wald wurde eine Leiche gefunden.*

trouble muss nicht immer gleich „Schwierigkeiten" bedeuten. *Hey trouble!* ist eine nette Ansprache, die man mit *Hallo Schatz!* übersetzen könnte.

to survive

[sə'vaɪv] **überleben**
Did anyone survive the plane crash? •• *Hat irgendjemand den Flugzeugabsturz überlebt?*

healthy

['helθi] **gesund**
The doctor told him to eat a healthier diet. •• *Der Arzt sagte ihm, dass er sich gesünder ernähren müsse.*

Raum und Zeit

Tages-zeiten

morning
['mɔ:nɪŋ] **der Morgen**
I'm going to Glasgow tomorrow morning. → *Ich fahre morgen früh nach Glasgow.*

morning
['mɔ:nɪŋ] **der Vormittag**
I've got a meeting in the morning. → *Am Vormittag habe ich eine Besprechung.*

noon
[nu:n] **der Mittag (zwölf Uhr)**
They arrived about noon. → *Sie kamen gegen Mittag an.*

afternoon
[ˌɑ:ftə'nu:n] **der Nachmittag**
It's not usually crowded at this time of the afternoon. → *Normalerweise ist es um diese Zeit nachmittags nicht voll.*

evening
['i:vnɪŋ] **der Abend**
What are you doing tomorrow evening? → *Was machen Sie/machst du morgen Abend?*

night
[naɪt] **die Nacht**
What time did you get home last night? → *Wann kamst du gestern Abend nach Hause?*

I've been racing around all night like a blue-arsed fly. ugs **Ich bin die gan Nacht wie 'ne Bekloppte durch die Gegend gerast.**

day
[deɪ] **der Tag**
We can meet any day except Wednesday. → *Wir können uns jeden Tag treffen, außer mittwochs.*

yesterday
['jestədeɪ] **gestern**
I played golf yesterday. → *Ich habe gestern Golf gespielt.*

the day before yesterday
vorgestern
I last saw him the day before yesterday. ↔ *Ich habe ihn vorgestern das letzte Mal gesehen.*

today
[tə'deɪ] **heute**
All the buses are late today. ↔ *Heute haben alle Busse Verspätung.*

tomorrow
[tə'mɒrəʊ] **morgen**
I'm coming back home tomorrow. ↔ *Ich komme morgen wieder nach Hause.*

the day after tomorrow
übermorgen
How about meeting for lunch the day after tomorrow? ↔ *Sollen wir uns übermorgen zum Mittagessen treffen?*

one day
eines Tages
One day I'd like to visit China. ↔ *Ich möchte irgendwann mal nach China.*

at
[æt, ət] **um**
The film starts at 8 o'clock. ↔ *Der Film beginnt um 20.00 Uhr.*

till
[tɪl] **bis**
What shall we do till the train leaves? ↔ *Was sollen wir machen bis der Zug fährt?*

from
[frɒm, frəm] **ab**
From Monday there are no more lessons. ↔ *Ab Montag findet kein Unterricht mehr statt.*

hour
[aʊə'] **die Stunde**
Martin is meeting Pete in two hours. ↔ *Martin trifft sich in zwei Stunden mit Pete.*

minute
['mɪnɪt] **die Minute**
Punctual to the minute, as ever! ↔ *Wie immer: pünktlich auf die Minute!*

second
['sekənd] **die Sekunde**
I'll be with you in two seconds. ↔ *Ich bin in zwei Sekunden bei Ihnen.*

time
[taɪm] **die Uhrzeit**
What time is it?/What's the time? ↔ *Wie spät ist es?*

clock
[klɒk] **die Uhr**
That clock is (five minutes) slow. ↔ *Diese Uhr geht (5 Minuten) nach.*

hand
[hænd] **der Zeiger**
The second hand doesn't go round any more. ↔ *Der Sekundenzeiger geht nicht mehr.*

soon
[su:n] **bald**
The exams will be over soon. ↔ *Die Prüfungen werden bald vorbei sein.*

early
['ɜ:li] **früh**
I woke up very early this morning. ↔ *Ich bin heute Morgen sehr früh aufgewacht.*

after
['ɑ:ftə˞] **nach**
Let's go for a walk after lunch. ↔ *Lass uns nach dem Mittagessen spazieren gehen.*

afterwards, later
['ɑ:ftəwɔ:dz, 'leɪtə˞] **danach, nachher, später**
We'll meet up afterwards. ↔ *Wir sehen uns nachher.*

exact
[ɪg'zækt] **genau**
Do you know what the exact time is? ↔ *Wissen Sie/Weißt du, wie spät es genau ist?*

about
[ə'baʊt] **ungefähr**
We can leave in about ten minutes. ↔ *Wir können in ungefähr zehn Minuten gehen.*

punctual
['pʌŋktʃuəl] **pünktlich**
She is always on time. ↔ *Sie ist immer pünktlich.*

to extend
[ɪk'stend] **verlängern**
We've extended our stay in Australia. ↔ *Wir haben unseren Aufenthalt in Australien verlängert.*

right away
[raɪtə'weɪ] **sofort**
I called 999 and the fire brigade came right away. ↔ *Ich wählte die 999 und die Feuerwehr kam sofort.*

at once
[ætwʌn(t)s] **sofort**
If there is a fire, leave the building at once. ↔ *Wenn es brennt, verlassen Sie unverzüglich das Gebäude.*

later
['leɪtə˞] **nachher**
See you later! ↔ *Bis nachher!*

moment
['məʊmənt] **der Moment**
Just a moment, please. ↔ *Einen Moment, bitte.*

sometimes
['sʌmtaɪmz] **manchmal**
I'm sometimes too tired to cook. ↔ *Manchmal bin ich einfach zu müde zum Kochen.*

regular(ly)
['regjələʳ, 'regjələli] **regelmäßig**
Many couples openly admit regularly swapping partners. •› *Viele Paare geben offen zu, regelmäßig Partnertausch zu betreiben.*

Wochentage

weekday
[wi:kdeɪ] **der Wochentag**
On weekdays we open at 8 am. •› *An Werktagen haben wir ab 8 Uhr geöffnet.*

week
[wi:k] **die Woche**
I'm on holiday next week. •› *Ich bin nächste Woche im Urlaub.*

weekly
['wi:kli] **wöchentlich**
The swimming courses are held weekly. •› *Die Schwimmkurse finden wöchentlich statt.*

Monday
['mʌndeɪ] **der Montag**
Victor has a piano lesson on Monday. •› *Victor hat am Montag Klavierunterricht.*

Tuesday
['tju:zdeɪ] **der Dienstag**
I go swimming on Tuesdays. •› *Dienstags gehe ich schwimmen.*

Wednesday
['wenzdeɪ] **der Mittwoch**
Wednesday is the middle of the week. •› *Mittwoch ist die Mitte der Woche.*

Thursday
['θɜ:zdeɪ] **der Donnerstag**
What are you doing this Thursday? •› *Was machen Sie/machst du diesen Donnerstag?*

Friday
['fraɪdeɪ] **der Freitag**
We went to the cinema last Friday. •› *Wir sind letzten Freitag ins Kino gegangen.*

Saturday
['sætədeɪ] **der Samstag**
Are you going to the game/match on Saturday? •› *Gehst du am Samstag zum Spiel?*

Sunday
['sʌndeɪ] **der Sonntag**
Sunday should be a day of rest. •› *Der Sonntag sollte ein Ruhetag sein.*

weekend
[wi:kend] **das Wochenende**
Have you got any plans for the weekend? •• *Haben Sie/Hast du/Habt ihr am Wochenende was vor?*

Monate

month
[mʌn(t)θ] **der Monat**
How much a month is your phone contract? •• *Wie viel zahlst du im Monat für dein Telefon?*

monthly
['mʌn(t)θli] **monatlich**
He pays his ex-wife alimony monthly. •• *Er zahlt seiner Exfrau monatliche Alimente.*

January
['dʒænjuəri] **der Januar**
January is the first month of the year. •• *Der Januar ist der erste Monat im Jahr.*

February
['februəri] **der Februar**
February is the shortest month of the year. •• *Der Februar ist der kürzeste Monat im Jahr.*

March
[mɑ:tʃ] **der März**
Today is 1 March. •• *Heute ist der 1. März.*

April
['eɪprəl] **der April**
April is my favourite month. •• *Der April ist mein Lieblingsmonat.*

May
['mei] **der Mai**
Jack and Jill got married last May. •• *Jack und Jill haben letzten Mai geheiratet.*

June
[dʒu:n] **der Juni**
Alex and Terry are getting married next June. •• *Alex und Terry heiraten nächsten Juni.*

July
[dʒʊ'laɪ] **der Juli**
My birthday is in July. •• *Ich habe im Juli Geburtstag.*

August
[ɔ:'gʌst] **der August**
My husband's birthday is on 6 August. •• *Mein Mann hat am 6. August Geburtstag.*

Loads of people fritter away whole days on the internet. ugs **Viele Menschen vertrödeln ganze Tage im Internet.**

September
[sep'tembəˡ] **der September**
I haven't seen him since September. ↔ *Ich habe ihn seit September nicht mehr gesehen.*

October
[ɒk'təʊbəˡ] **der Oktober**
I won't have time for a holiday until at least October. ↔ *Ich habe frühestens im Oktober wieder Zeit, Urlaub zu machen.*

November
[nəʊ'vembəˡ] **der November**
Every 5 November you can see fireworks in Britain. ↔ *In Großbritannien gibt es jedes Jahr am 5. November ein Feuerwerk.*

December
[dɪ'sembəˡ] **der Dezember**
This has been one of the coldest Decembers ever. ↔ *Das war einer der kältesten Dezember, die es je gab.*

year
[jɪəˡ] **das Jahr**
We have lived here for ten years. ↔ *Wir leben hier seit zehn Jahren.*

yearly, annual
['jɪəli, 'ænjuəl] **jährlich**
The annual festival always takes place in August. ↔ *Das jährliche Festival findet immer im August statt.*

calendar
['kæləndəˡ] **der Kalender**
I've put our appointment in the calendar. ↔ *Ich habe unseren Termin in den Kalender eingetragen.*

Well done! What a day! Alle Achtung, was für ein Tag!

quarter (of the year)
['kwɔ:təˡ] **das Vierteljahr**
This quarter has gone so quickly! ↔ *Dieses Vierteljahr ist so schnell vorbeigegangen!*

semester
[sɪ'mestəˡ] **das Halbjahr, das Semester**
We worked on that project for a whole semester! ↔ *An*

diesem Projekt haben wir ein ganzes Semester lang gearbeitet!

season
['si:zən] **die Jahreszeit**
Which season do you like best? ↔ *Welche Jahreszeit magst du am liebsten?*

spring
[sprɪŋ] **der Frühling**
Spring is my favourite season. ↔ *Der Frühling ist meine Lieblingsjahreszeit.*

summer
['sʌməʳ] **der Sommer**
The summers are getting hotter. ↔ *Die Sommer werden immer wärmer.*

autumn
['ɔ:təm] **der Herbst**
Many trees lose their leaves in autumn. ↔ *Viele Bäume verlieren im Herbst ihre Blätter.*

winter
['wɪntəʳ] **der Winter**
Did you go skiing last winter? ↔ *Waren Sie/Warst du letzten Winter Ski fahren?*

Raum

direction
[dɪ'rekʃən] **die Richtung**
The sudden change in direction made Emily sick. ↔ *Durch den plötzlichen Richtungswechsel wurde Emily schlecht.*

where
[(h)weəʳ] **wo, wohin**
Where are my keys? ↔ *Wo sind meine Schlüssel?*

here
[hɪəʳ] **hier**
We have lived here for ten years. ↔ *Wir leben hier seit zehn Jahren.*

there
[ðeəʳ, ðəʳ] **da, dort**
They're over there. ↔ *Sie sind dort drüben.*

right-hand side
['raɪt-hændsaɪd] **die rechte Seite**
On the right(-hand side) you can see the new library.

→ *Auf der rechten Seite sehen Sie die neue Bibliothek.*

left-hand side

['left-hændsaɪd] **die linke Seite**

Take the first left after the lights. → *Biegt nach der Ampel gleich links ab.*

straight ahead

[streɪtə'hed] **geradeaus**

Carry straight on for the town hall. → *Zum Rathaus geht es immer geradeaus.*

to turn (off / left / right)

[tɜːn(ɒf / left / raɪt)] **(links / rechts) abbiegen**

Turn right at the petrol station. → *An der Tankstelle rechts abbiegen.*

next-door

['nekstdɔːʳ] **nebenan**

How many people live next door? → *Wie viele Leute wohnen nebenan?*

in front of

[ɪnfrʌntəv] **vor**

Does anyone know why a police car has pulled up in front of our house? → *Weiß jemand, warum vor unserem Haus ein Polizeiauto steht?*

behind

[bɪ'haɪnd] **hinter**

There is a big garden at the back of / behind the house. → *Hinter dem Haus befindet sich ein großer Garten.*

opposite

['ɒpəzɪt] **gegenüber (von)**

My mother lives opposite the chemist's. → *Meine Mutter wohnt gegenüber der Apotheke.*

to cross

[krɒs] **überqueren**

You have to cross the bridge to get to our friends. → *Man muss die Brücke überqueren, um zu unseren Freunden zu kommen.*

come too far

[kʌmtuː'fɑːʳ] **zu weit laufen**

Ah, you've come too far; you'll have to go back. → *Da bist du aber zu weit gelaufen. Du musst wieder zurückgehen.*

far

[fɑːʳ] **weit**

We do not live far from London. → *Wir wohnen nicht weit weg von London.*

near
[nɪəʳ] **nah(e), in der Nähe**
We live near the river. → *Wir wohnen in der Nähe des Flusses.*

destination
[ˌdestɪˈneɪʃən] **das Ziel**
We've reached our destination at last! → *Endlich haben wir das Ziel erreicht!*

to get lost
[getlɒst] **sich verlaufen**
Oh no! We're lost again. → *Oh nein! Wir haben uns schon wieder verlaufen.*

Zahlen

Zahlen und Mengen

number
['nʌmbəʳ] **die Zahl**
Fifteen is my lucky number. ↔ *Die Fünfzehn ist meine Glückszahl.*

amount, quantity
[ə'maʊnt, 'kwɒntəti] **die Menge**
You only need to put a small amount of oil in the dough. ↔ *Man muss nur eine geringe Menge Öl in den Teig geben.*

how many
[haʊ'meni] **wie viele**
How many are they? ↔ *Wie viele sind sie?*

how much
[haʊ'mʌtʃ] **wie viel**
How much is that? ↔ *Wie viel macht das?*

all
[ɔ:l] **alle**
They all came. ↔ *Sie sind alle gekommen.*

each, every
[i:tʃ, 'evri] **jeder, jede, jedes**
Why is it always me that makes breakfast every morning? ↔ *Warum soll ich immer der/diejenige sein, der/die das Frühstück macht?*

many
['meni] **viele**
How many pieces of cake shall we buy? ↔ *Wie viel Stück Kuchen sollen wir kaufen?*

much
[mʌtʃ] **viel**
How much time do you need? ↔ *Wie viel Zeit brauchen Sie/brauchst du?*

more
[mɔ:ʳ] **mehr**
Could I have some more sugar please? ↔ *Könnte ich bitte noch etwas Zucker haben?*

few
[fju:] **wenig**
I read fewer books than I used to. ↔ *Heute lese ich weniger Bücher als früher.*

nothing
['nʌθɪŋ] **nichts**
There is nothing in the fridge. ↔ *Im Kühlschrank ist nichts.*

no one, nobody
['nəʊwʌn, 'nəʊbədi] **keiner, keine, keins**
No one went to Charlie's party ↔ *Keiner ging zu Charlies Party.*

piece
[pi:s] **das Stück, das Teil**
Matt ate three pieces of cake. ↔ *Matt aß drei Stück Kuchen.*

half, halves
[hɑ:f, halves] **die Hälfte, die Hälften**
We spent half our money on the first day. ↔ *Wir haben die Hälfte unseres Geldes am ersten Tag ausgegeben.*

twice
[twaɪs] **zweimal, doppelt**
Michael is twice as old as Leroy. ↔ *Michael ist doppelt so alt wie Leroy.*

three times
[θri:'taɪmz] **dreifach, dreimal**
My new computer has three times more memory than my old one. ↔ *Mein neuer Computer hat dreimal so viel Speicherkapazität wie mein alter.*

one
[wʌn] **1 eins**

two
[tu:] **2 zwei**

three
[θri:] **3 drei**

four
[fɔ:ʳ] **4 vier**

five
[faɪv] **5 fünf**

six
[sɪks] **6 sechs**

seven
['sevən] **7 sieben**

eight
[eɪt] **8 acht**

nine
[naɪn] **9 neun**

ten
[ten] **10 zehn**

eleven
[ɪ'levən] **11 elf**

twelve
[twelv] **12 zwölf**

thirteen
[θɜ:'ti:n] **13 dreizehn**

fourteen
[ˌfɔ:'ti:n] **14 vierzehn**

fifteen
[fɪf'ti:n] **15 fünfzehn**

sixteen
[ˌsɪk'sti:n] **16 sechzehn**

seventeen
[ˌsevənˈtiːn] **17 siebzehn**

eighteen
[eɪˈtiːn] **18 achtzehn**

nineteen
[ˌnaɪnˈtiːn] **19 neunzehn**

twenty
[ˈtwenti] **20 zwanzig**

twenty-one
[ˌtwentiˈwʌn] **21 einundzwanzig**

twenty-two
[ˌtwentiˈtuː] **22 zweiundzwanzig**

twenty-three
[ˌtwentiˈθriː] **23 dreiundzwanzig**

twenty-four
[ˌtwentiˈfɔːˈ] **24 vierundzwanzig**

twenty-five
[ˌtwentiˈfaɪv] **25 fünfundzwanzig**

twenty-six
[ˌtwentiˈsɪks] **26 sechsundzwanzig**

twenty-seven
[ˌtwentiˈsevən] **27 siebenundzwanzig**

twenty-eight
[ˌtwentiˈeɪt] **28 achtundzwanzig**

twenty-nine
[ˌtwentiˈnaɪn] **29 neunundzwanzig**

thirty
[ˈθɜːti] **30 dreißig**

thirty-one
[ˌθɜːtiˈwʌn] **31 einundreißig**

forty
[ˈfɔːti] **40 vierzig**

fifty
[ˈfɪfti] **50 fünzig**

sixty
[ˈsɪksti] **60 sechzig**

seventy
[ˈsevənti] **70 siebzig**

eighty
[ˈeɪti] **80 achtzig**

ninety
[ˈnaɪnti] **90 neunzig**

(a oder one) hundred
[ˈhʌndrəd] **100 hundert**

(a oder one) hundred and one
[ˈhʌndrədəndwʌn]
101 hunderteins

(a oder one) thousand
[ˈθaʊzənd] **1000 tausend**

(a oder one) million
['mɪljən] **1 000 000 eine Million**

(a oder one) billion
['bɪliən] **1 000 000 000 eine Milliarde**

Maße und Gewichte

kilo(gram), kg
['kɪlə(ʊ)græm] **das Kilogramm**
Can you buy me three kilos of potatoes? *Kannst du mir drei Kilo Kartoffeln kaufen?*

gram, gramme, g
[græm] **das Gramm**
You need one egg and fifty grams of sugar. *Man braucht ein Ei und fünfzig Gramm Zucker.*

to weigh
[weɪ] **wiegen**
How much do you weigh? *Wie viel wiegst du?*

heavy
['hevi] **schwer**
Your suitcase is too heavy. *Ihr/Dein Koffer ist zu schwer.*

light
[laɪt] **leicht**
Anna is so light – she hardly weighs anything. *Anna ist so leicht – sie wiegt kaum was.*

pound, lb
[paʊnd] **das Pfund**
Becky's baby weighed seven pounds when she was born. *Beckys Baby wog bei der Geburt 3175 Gramm.*

litre, l
['li:tə'] **das/der Liter**
We have two litres of milk in the fridge. *Wir haben zwei Liter Milch im Kühlschrank.*

tonne
[tʌn] **die Tonne**
The menhir weighs over a ton. *Der Menhir wiegt über eine Tonne.*

volume
[ˈvɒljuːm] **das Volumen**
What's the volume of the water tank? *Welches Volumen hat der Wassertank?*

kilometre, km
[kɪˈlɒmɪtəʳ] **der Kilometer**
It's thirty kilometres to the sea. *Bis zum Meer sind es dreißig Kilometer.*

metre
[ˈmiːtəʳ] **der Meter**
The wall is two metres high. *Die Wand ist zwei Meter hoch.*

size
[saɪz] **die Größe**
What (shoe)size are you? *Welche (Schuh)größe hast du?*

big
[bɪg] **groß**
Robert has a big nose. *Robert hat eine große Nase.*

long
[lɒŋ] **lang**
There was a long queue outside the restaurant. *Vor dem Restaurant hatte sich eine lange Schlange gebildet.*

deep
[diːp] **tief**
The river here is not very deep. *Der Fluss hier ist nicht sehr tief.*

wide
[waɪd] **breit**
The river was so wide, you couldn't see the other side. *Der Fluss war so breit, dass man nicht das andere Ufer sehen konnte.*

narrow
[ˈnærəʊ] **schmal**
You can jump over the stream at its narrowest point. *An der schmalsten Stelle des Baches kann man rüberspringen.*

Wort für Wort

Englisch

A

B

C

D

E

H

I

T

U

V

W

X

Y

Deutsch

A

B

H

I

J

K

L

T

U

V